CRACKING
The Dog Training Code

Make your dog training a reality

MICAH JACK

Cracking the Dog Training Code

Make Your Dog Training a Reality

Micah Jack

Copyright © 2019 Micah Jack

All rights reserved. No part of this publication may be reproduced, distributed, or transmitted in any form or by any means, including photocopying, recording, or other electronic or mechanical methods, without the prior written permission of the publisher, except in the case of brief quotations embodied in critical reviews and specific other non-commercial uses permitted by copyright law.

ISBN: 978-1-63750-191-7

Table of Contents

CRACKING THE DOG TRAINING CODE 2

INTRODUCTION 6

CHAPTER 1 10

   Dog Obedience Training 10

      The importance of reward 14

CHAPTER 2 19

   Dog Reward Training 19

      Treats and Food Primarily based Rewards 24

      The 'Come when Called' Training 25

      The Use of Reward Training 29

CHAPTER 3 34

   Dogs' Crate and Potty Training 34

      Setting up the Training Vicinity 35

      Toilet Training for Dog 36

      Expanding the house training method 38

      Dashing up the system 39

      The Do's & Don'ts of Dogs' Home Training 39

      How to Deal with the Hassle of Home Training your Dog 44

      Crate Training for Dog 48

CHAPTER 4 54

   Solution to Dogs' Misconducts 54

      Refusing to come when called 54

      Training for correct dog conduct 58

      Removing biting behaviors 62

      How to handle excess whining, howling and immoderate barking 68

      How to solve chewing problem 71

      Dog training for favored behaviors 80

CHAPTER 5 85

Advanced Dog Training Games 85
Keeping your Dog Motivated 89
Distraction Training 91

CHAPTER 6 94

How to Cope with Dog Separation Tension 94
Stopping unwanted urination 98
The best way to educate your dog not to chase human beings, bicycles, and joggers 102
Educating the shy or anxious puppy or dog 107
Training your dog to disregard loud noises 113
Coaching your dog to not chew 122
Educating your dog on how not to chunk 126
Building dog self belief and appreciation 130
Conclusion; 135

ABOUT THE AUTHOR 141
ACKNOWLEDGMENTS 142

Introduction

This publication shows my puppy/dog natural pet coaching program for changing any dog or puppy from spoiled purebred pup to shelter-shocked rescue which becomes a friendly companion. Within a several days array, these dog experience a fantastic transformation because they know to trust my own methodology including my 6 basic commands, and conquer their behaviour difficulties, finally becoming well-mannered pets as well as support dogs by producing perfect obedience from day one through principles, bounds, along with also calm-assertive leadership.

This lesson unites each dog having a forever family. As a vetenary physician, I've shared the wisdom gained from working with various dogs of diverse breed and character to help individuals develop their own pets to well-trained dog that will cause you to feel great about instruction and rewarding your pet with wellness organic dog treats.

This training starts with the fundamentals establishing focus, control and building confidence (trust), and mastering training techniques.

You will explicitly learn solutions to common canine behavior problems, how to avoid the most common mistakes dog/puppy owners make raising puppies and young dogs, housetraining and house training issues, how to correct any issue before it becomes a problem such as: potty training (*perfect for potty training which gives your puppy the best chance for success when it comes to potty training*), door dashing, handling biting, leash pulling, jumping up, barking, aggression, chewing, and other behavioral issues, common mealtime misbehaviors and unique exercises and play to bring out the best in every breed.

Getting a new puppy or dog is usually an exciting thing for any family. There is a good reason why dogs are referred to as men's best friend, and a devoted dog is more than just a pet, it's a treasured member of the family. To reach that stage of affection and companionship, it is far crucial to begin your puppy or dog off on the right foot of training.

A strong training in obedience and good manners is vital to making your dog, and you, happier and healthier.

You need to make investments into a little bit of primary dog schooling. Start teaching your dog from a younger age because the first few months of its life is when you have the best influence on it; that is when it is formed into the dog it becomes when it's all grown up.

To train your dog the right way to act requires the

maximum fundamental techniques; however continuity is essential in its traning.

Basic dog education is straightforward and very powerful. It needs to also be an exciting experience for you and your dog; it shouldn't be an hourly affair daily, merely 5 minutes or so. Don't overlook rewarding your dog and yourself for all the "hard" work!

This book is packed with everything you need to know to raise and care for your dog

CHAPTER 1
Dog Obedience Training

Obedience training is one of the most essential training and probabaly the only thing any owner can do for his or her dog. An obedient and trained dog is a satisfied, productive and secure member of the family, at the same time an untrained dog can be harmful and even dangerous.

Dog are designed by way nature to follow leaders, and to look for that leadership in you. As most animals, dog certainly observe the instructions of their handler. In the absence of the handler, the dog may exhibit this function itself. Dogs that see themselves as leaders because the handler is human can emerge as uncooperative, unfavourable and even dangerous.

Precisely, obedience training opens up crucial strains of

conversation among handler and dog. The idea of any obedience training program is to gain the cooperation and respect of the animal. This respect cannot be exerted via difficult handling strategies or mistreatment. It needs to be a substitute and must be earned via management and proper education strategies.

Fundamental obedience training includes coaching the dog what to do and what not to do. With regards to preferred behaviors, it's far crucial for the dog to understand and reply to primary commands, including heeling while on foot, stopping on command, sitting while directed, coming while called and staying in whens the handler directs.

The list of what not to do is likewise vital in terms of obedience training. Some of the don'ts of obedience training encompass; *not jumping on human beings, not charging in advance while taking walks and, not chewing the furnishings or your property, and not getting out of control while exposed to novel situations.*

In essence, obedience training entails establishing the social hierarchy that is as critical to puppy as adult dogs. While your dog follows your obedience instructions such as; *come, stay, take a seat, heel, etc.,* it is displaying compliance and submissiveness. This is the same type of behavior a submissive member of a wild dog pack might display to the alpha dog in that group.

As with every sort of dog training, it is crucial that obedience training sessions be amusing and rewarding for both dog and handler. A glad, healthy dog can be fun to manage, and maintaining the excitement throughout the training sessions will make life easier for both you and your dog. Obedience training has many benefits for the dog in addition to the handler. For one component, a nicely-skilled, obedient dog can be given a greater amount of freedom than an untrained dog. For instance, a dog that has been nicely trained to respond positively when called can correctly enjoy a few off leash play time at the neighborhood park.

There is continually a debate over whether it is less difficult to teach obedience to puppy or older dogs. The fact is that both dogs and puppy may be efficaciously trained to be willing, obedient companions. It is easier to educate puppies and young dog than it is to retrain dog that have developed conduct issues. Even troublesome dogs can be efficaciously retrained on the practice of basic obedience training and control concepts.

When training dog on obedience, it's far important to remember that puppy generally have a shorter attention span than full grown dogs. It is crucial, therefore to begin training classes quickly from the start. It is also crucial to have plenty of playtimes with different dog, puppies and different animals, as well as lots of various humans. Proper socialization is very crucial to creating a safe, healthful and satisfied dog.

There are many obedience training institutions held in all parts of the country, and new dog and dog owners are encouraged to join one of these institutions. No longer does a simple dog kindergarten and dog obedience class offer crucial structure for the dog, but it gives room for correct socialization of the dog as well.

The importance of reward

Rewards simply can be the most crucial motivator in dog training. Obedience training using rewards and other fantastic reinforcements has long been identified as the easiest technique of achieving success in most dog and getting the best possible results.

Making obedience training entertaining, and even making it a bit of a game, may be very essential to sustaining both the dog and the handler's interest and willingness to learn. Incorporating a period of playtime at the beginning and end of each training class will ensure that every session starts off strong and ends in an excellent note.

The most simple of all obedience instructions is heeling, or taking walks with the handler on a free leash. That is typically the first obedience conduct that is taught, and it's also an easy one to teach through reward training. Start by fitting the dog with a quality, well geared up training leash and collar. If you are uncertain of how to fit the training collar, make certain to invite a dog instructor or the supervisor at the shop where the device was purchased.

Start on foot with the dog, constantly being aware of the dog's function relative to your training. If the dog starts to charge beforehand, gently pull on the leash. This will deliver a gentle reminder for the dog to slow down. It could be vital to use extra pressure at the beginning till the dog learns to simply accept the correction.

If the dog starts off by falling behind, lightly urge the dog ahead, using a lure, or a favorite toy. It would be very beneficial when coaching the dog to walk at your pace. To keep it at the preferred position, it has to study the preferred place and quickly too.

Constantly make certain to offer lots of reward, treats, toys and different rewards whilst the dog does what is expected of him. Dog understand best with the aid of superb reinforcement.

Effective reinforcement means that when the animal does what the handler wants, it gets a reward, which may be something from a pat on the head to a treat with a favorite toy. At the start of the training, even the slightest act to please the owner ought to be rewarded.

Training with use of reprimands and punishment isn't always nearly as powerful as training by means of rewards. Dogs can become discouraged and harassed by excessive amounts of punishment and reprimands. Reprimands may be required from time to time, to dangerous behaviors like chasing or biting, for example, however reprimands have to be brief and without delay applied to the trouble at hand. After the immediate danger has passed, the training must continue with reward based education and positive reinforcement.

For instance, if you catch your dog chewing the furniture or other object, without delay offer the dog a straight "no" or "stop" and take the item away. Then without delay provide the dog one of its toys or other items that it is allowed to chunk on, and reward the dog enthusiastically while it is taking the toy. This may train the dog to associate chewing a few objects, like his toys, with reward, and chewing irrelevant items with reprimand.

It is very essential for the dog to make those relations, considering the fact that it is very tough to trade terrible habits after they are formed. It's a lot simpler to teach right obedience behaviors at the beginning than it is to retrain a difficult dog afterward. This doesn't suggest that retraining is impossible; it truly means that it's extra tough. Coaching a puppy, or an older dog, to grasp the behaviors you value, which includes coming when called to, sitting on command, strolling at your pace, chewing on toys, and so on, is the idea of a successful dog training.

CHAPTER 2
Dog Reward Training

Reward training is regularly seen as the most cutting-edge technique of training a dog, however reward education is probably a whole lot older than other techniques of dog training. It is possible that reward training for dogs has been around so long as there have been dogs to teach. Early people probably used a few casual kind of reward training when taming the wolf domestic dogs that subsequently evolved into modern-day dogs.

What's called reward schooling or training for dogs nowadays has enjoyed top notch recognition for 10 to 15 years.

Many prized training fanatics are less captivated with different methods of dog training, which include the conventional leash and collar method. However, the satisfactory method for training any dog is often a mixture of leash/collar education and reward training.

Furthermore, a training approach that works flawlessly for one dog can work differently for another, and vice versa. A few dog respond fabulously to reward training and in no way to leash and collar training, at the same time some others may respond to leash/collar education and not feel encouraged by means of reward education. Most dog fall someplace inside the middle of these extremities.

Clicker training is one of the maximum popular sorts of reward education in recent times. At the same time as clicker schooling is not the answer for every dog; it may be a remarkably powerful approach of training many dog. In clicker training, the dog is taught to associate a clicking sound with reward, like a treat. The instructor clicks the clicker when the dog does something good, accompanied immediately with a treat. Ultimately, the dog learns to reply to the clicker on its own.

Most reward training makes use of a few types of meal reward, or a reward that is associated with getting food. In most cases, complex behaviors can easily adopt the use of this type of high quality reinforcement, and you'll find that the individuals who train dogs for movies and television use reward training almost solely.

Reward training is used in all sorts of dog training, along with police and army trainings. Maximum fragrance detection, monitoring and police dog are trained on the use of a few form of reward training. Reward training is also a very powerful method to educate various basic obedience instructions.

Reward training often involves enticing the dog into the

position preferred by the instructor. The lure is used to get the dog to carry out the desired conduct on its own free will.

It makes an excellent deal of sense to get the dog to perform the preferred conduct without any physical intervention on the part of the handler. Getting the dog to perform a conduct without physical contact is vital.

After the dog has achieved the desired conduct, it is given a reward, also known as a fine reinforcement. Treats are often used as reinforcers, but reward, such as "good dog" or a pat on the head, can also be an effective reward.

Having a dog that has been reward trained to be a reliable dog is crucial, especially while the dog has a crucial program, like police patrol or drug detection, to do. Because of this it's far essential to get the dog accustomed to running around in the face of distractions, and to properly socialize the animal to both humans and different animals.

Many dog owners make the mistake of only training the dog within the house or lower backyard, and only while the handler is there. This allows you to end up a reliably skilled accomplice; the dog must be taken outdoors, out of the confines of its protection region and introduced to novel conditions.

It's also crucial to train the dog to take note of the handler always. By keeping your eyes away from the dog means having control of the dog. Reward training could be very powerful at getting the honour and the attention of the dog when used nicely.

Treats and Food Primarily based Rewards

Training with treats and other food primarily based rewards is a first rate way to encourage your dog and speed the training method simultaneously. Most dog are quite motivated by using meal rewards, and most animal schools use this kind of fine reinforcement to train all varieties of animals, together with tigers, lions, and elephants and even residence cats.

It's advisable to start a treat based total training consultation, but it is a good concept to check the dog to ensure that food will motivate him via the consultation. Begin with the dog's everyday supper time by taking a bit of its meals and waving it in the front of the dog's nose. If the dog shows an enthusiasm for the meal, then it's best to start the training. If the dog indicates little interest or none in any respect, it is advisable to do away with the education till some other time. Don't be afraid to put off dinner time for you to pique the dog's hobby in training. The benefits of proper education will outweigh any delay in feeding.

It's very normal to get the dog used to normal feedings, as opposed to leaving food out all the time. Not only does loose feeding encourage the dog to overeat and boom the chances of weight problems, but a free fed dog may in no way be fully prompted in reward primarily based education.

The 'Come when Called' Training

Once your dog has shown interest for the meals presented to it, it's time to begin this education/training. Since you already gave your dogs undivided attention through showing it food, now is a top notch time to start. Deliver the dog some portions of food right away, after which go up again a few steps. While holding the meals with your hand, beckon it with the *"come right here"* command. While the dog comes to you, reward him lavishly and provide him a few portions of meals.

After the dog is coming to you effortlessly, add *"take a seat"* command and maintain the collar before you supply the meals. After the *take a seat* command is mastered, other commands, and even a few hints, may be added. Meals based reinforcement education is the pleasant way to educate a selection of essential behaviors.

One true exercising command is the *take a seat* command. This exercise can start with the owner keeping a foot on the dog, then preventing and asking the dog to sit. After the dog is sitting quietly, the owner backs away and asks the dog to stay. Preferably the dog should continue to stay until called by the owner, despite the fact that the leash is dropped. At the end of the exercise, the owner calls the dog. While the dog goes to the owner, it gets food and reward from the owner. This exercise should be repeated numerous times, until the dog is reliably coming when called.

It's far essential to keep the training sessions quick, especially in the beginning, to hold the dog from becoming bored, and from ingesting its whole meal in the form of treats. After the dog has been responding frequently, the treats and food rewards can be slowly reduced. It's far essential to still offer these food rewards, but don't offer much. After some time, it's not vital to present the dog treats each single time he responds as requested. In essence, it needs to only be essential for the dog to get hold of a food treat one out of 5 instances it comes when commanded. The alternative four successes can be rewarded with praise and scratches.

As soon as the dog is aware of the basics of the *"come right here"* command, the simple command may be improved, and many video games can be created. These varieties of video games may be remarkable fun for owner and dog alike, in addition to a tremendous get to know experience. A few off leash work can be added as well, however it's far more excellent to begin with the dog in a safe surrounding, along with a fenced lower back yard. For variety, you can attempt taking the dog to other secure environments, inclusive of a pal's residence, a neighbor's fenced backyard or a neighborhood dog park. Try leaving the dog free in those safe places, and exercise the come command. Usually praise the dog significantly, scratch it at the back of the ears and tell it what an awesome dog it is. The purpose must be to make coming to the owner a big deal.

The Use of Reward Training

Training dog with the use of high-quality reinforcement and reward training has long been diagnosed as both enormously effective for the owner and a superb experience for the dog. Effective reinforcement education is so essential that it's far the easiest approach used to teach dangerous animals like lions and tigers to work in circuses and within the film and TV enterprise. Proponents of nice reinforcement vouch on the effectiveness of their techniques, and it's far authentic that a good sized majority of dog respond nicely to these training techniques.

One reason why high quality reinforcement training is so powerful is that it makes use of rewards to teach the dog what is expected of it. When the dog performs the desired conduct, it is provided with a reward, most usually within the form of a food treat however it can be a scratch behind the ears, a rub underneath the chin or a pat on the head as well. The crucial aspect is that the dog is rewarded always for doing the right thing.

Reward education has become increasingly popular in recent years, however there are a few sort of reward education among human beings and dog that has been going on for a long time if not hundreds of years.

In understanding what makes reward training so effective, some knowledge of the history of humans and dog could be very helpful. The earliest dog have been likely wolf dog that had been tamed and used by early humans for safety from predators, as alarm structures and later for guarding and herding cattle. It's far viable that the wolf pups that made the best companions had been the most without apparent training, or it's very possible that those early dog were orphaned or deserted wolf pups. Noting their starting place, there's little doubt today that the huge sort of dogs we see these days have their starting place in the wolf.

Wolf packs, like packs of untamed dogs, perform on a strict P.C. Hierarchy. Due to the fact that wolf and dog packs hunt as a set, this type of hierarchy, and the cooperation it brings, is vital to the survival of the species. Every dog is aware of its place in the P.C., and in the event of death or injury, the hierarchy, as soon as set up, hardly ever adjusts.

Each dog, consequently, is highly wired with the aid of nature to look to the P.C. leader for steerage. The basis of every proper dog education, which includes reward based education, is for the handler to set him or herself up as the absolute leader. The chief handler is greater than simply the dominant dog, or the only who tells all of the subordinates what to do. More importantly, the chief gives management and safety, and his or her leadership is essential to the achievement and survival of the pack.

It's far essential for the dog to see itself as part of a P.C., to recognize the human as the chief of that pack, and to respect his or her authority. Some dogs are a good deal less complicated to dominate than others. In case you watch a set of dogs playing for a while, you'll quickly recognize the dominant and submissive personalities.

A dog with a more submissive personality will typically be less complicated to train with the use of fantastic reinforcement, on the grounds that it won't want to challenge the handler for leadership. Even dominant dogs respond thoroughly to high quality reinforcement. There are, in fact few dog that don't reply well to high quality reinforcement, additionally known as reward training.

Fantastic reinforcement is also a nice way to retrain a dog that has conduct problems, especially one which has been abused. Getting the trust and loyalty of an abused dog may be very hard, and superb reinforcement is higher than another training technique at creating this vital bond. Irrespective of what type of dog you're working with, there are possibilities that it can be helped with effective reinforcement training strategies. Base your training strategies on appreciation and reward rather than intimidation and worry, it is the best way to get the most from any dog.

CHAPTER 3
Dogs' Crate and Potty Training

Home training is one of the maximum essential elements of training any dog to be a valued part of the family. As with many other aspects of dog education, the best way to house train a dog is to use the dog's very own nature to your advantage.

The splendid thing about dogs, and the element which can make house education a great deal less difficult, is that dogs are instinctively very easy animals. Dogs would as an alternative not soil the areas where they sleep and eat. Similarly, dogs are superb at grown up behavior regarding where they like to urinate and defecate. For instance, dog that are used to going off on concrete or gravel will prefer to go off right there instead of on grass or dirt. It's far viable to use those natural dog conduct when house training your dog.

Setting up the Training Vicinity

The first step in house training your dog is to set up your training vicinity. A small, confined area which includes a rest room, or a part of a kitchen or garage, works satisfactory as an education area. This method of education differs from crate training. *Crate education is first-rate for dog and small dogs, but many large dogs find a crate too confining.*

It's far crucial for the owner to spend as much time in the training vicinity with his or her dog as possible. It's far vital for the owner to play with the dog within the training location, and to permit the dog to eat and sleep in that vicinity. The dog needs to be provided with a special mattress within the training location, something from a store, like mattress, a big towel in a huge container. At first, the dog may additionally go off this area, however once the dog has diagnosed it as its own space, it would be reluctant to soil it.

After the dog has gotten used to snoozing within the mattress, the owner can pass it across the residence, relocating it from room to room. When you aren't together with your dog, the dog ought to be restricted to the training area.

Toilet Training for Dog

The second part of residence training is to set up the rest room/ toilet training region for the dog. It's far vital for the dog to have a right of entry to this area every time it wishes to go off. It is also crucial for the owner to accompany the dog every time till it masters the habit of going off in the bathroom area. Ensure the dog only makes use of the mounted toilet area.

A set feeding time table makes the house education method pretty less complicated for both the owner and the dog. Feeding the dog on a normal basis will also create a regular time table for the dog's toilet behavior. Once you recognize when your dog is probably likely to defecate, it will be easy to lead the dog to the mounted bathroom vicinity.

As soon as the dog has hooked up a lavatory area and is used to it on a daily basis, it's far very vital not to confine the dog without access to the toilet place for long durations of time. This is because if the dog is unable to preserve it, it may be pressured to go off the training place. This habit could make residence training very tough.

Expanding the house training method

After the dog is constantly going off inside the toilet area and not soiling the training ground, it is time to extend that education location to the rest of the home. This method should be performed slowly, starting with one room and slowly expanding to the rest of the house. The location has to be extended only after you are sure of the dog's capability to manage its bladder and bowels.

When you first increase the education region to an unmarked room, allow the dog to devour, play and sleep in that room, however stay close and supervise. When it isn't always possible to oversee the dog, place it back to the original training vicinity. Then, after the dog has become acquainted with the room as an extension of the authentic training area, the vicinity can be extended.

Dashing up the system

If this method is simply too long to satisfy your needs, it can be accelerated, but it is essential to proceed carefully. It's far less difficult to face the problem up front than to restrain a problematic dog for later. One way to efficiently speed up residence training is to reward and appreciate the dog every time it uses the installed rest room region. It's also important now not to punish the dog for errors. Punishment will only confuse the dog and slow down the residence training technique.

The Do's & Don'ts of Dogs' Home Training

Home training a dog is very crucial for the wellbeing of both the dog and the owner. The number one reason dogs are sent to animal shelters is trouble, so it is important to look at why residence training is such a crucial issue.

It is crucial to set up a right bathroom conduct while the dog is younger, due to the fact that, this habit can last a lifetime, and be very tough to break as soon as they are learned. It's very vital for the owner to train the dog well. In most instances, proper residence education can not start till the dog is six months old. Dogs younger than this commonly lack the bowel and bladder control needed for residence education.

Dogs younger than six months must be limited to a small, doggy proofed room when the owner cannot supervise them. The entire floor of the room must be filled with newspapers or comparable absorbent materials, and the paper changed each time it is soiled. As the dog becomes smarter, the quantity of paper used may be decreased because the dog starts developing a preferred lavatory place. A preferred bathroom space is preferable in order to form the basis of house training.

The do's of home training your dog:

- Constantly provide the dog with steady, unrestricted access to the lavatory region.
- When at home take the dog to the rest room region every forty five minutes.
- When dog supervision is not optional, you ought to be sure it can't make a mistake. This indicates confining the dog to a small area that has been thoroughly dog proofed.
- Usually offer a lavatory place that doesn't resemble anything in your home. Training the dog to dispose of on concrete, blacktop, grass or dirt is a great concept. The dog must by no means be encouraged to defecate on anything that resembles the hardwood floors, tile.

- Reward your dog every time he goes to toilet area. The dog needs to learn to associate defecating within the hooked up areas with right things, like treats, toys and reward from his owner.

- Always keep a fixed agenda when feeding your dog, a constant feeding schedule equals a regular rest room schedule.

- The use of a crate can be a massive support in helping a dog develop willpower. The concept behind crate training is that the dog will no longer want to go defecate in its mattress vicinity.

- And subsequently, it's very essential to be patient when house training a dog. House education can take as long as many months, however it's a whole lot less complicated to house train at the right time than to restrain a problematic dog.

The don'ts of home training your dog

- By no means reprimand or punish the dog for mistakes. Punishing the dog will only cause fear and confusion.

- Do not leave meals out for the dog all night. Stick to a fixed feeding agenda as a way of making the dog's toilet schedule as constant as possible.

- Do not allow the dog freedom in the house until it has been very well home skilled.

Home training is not usually the easiest aspect to do, and some dog tend to be lot difficult to teach than others. It is vital to be patient, steady and loving as you teach your dog. A rushed, apprehensive or intimidated dog will not be able to study the crucial lessons of residence training. As soon as you've gained your dog's love and respect, you'll find that home training your dog is less complicated than you ever expected.

How to Deal with the Hassle of Home Training your Dog

Home training is one of those problems that every dog owner needs to grapple with. In most cases, residence training is the first main milestone within the relationship between owner and dog, and it can be tough and confusing for owner and dog alike.

The best house training tactics are those who use the dog's personal instincts to the owner's advantage. Those strategies consider the dog's reluctance to soil the spots wherein he eats and sleeps. This is the idea behind home training and crate training. Dog are very interesting animals, and in nature they constantly keep away from the use of their home as rest room areas.

These types of natural training techniques commonly work very well, for young dog and older dog. Certainly, older, larger dog will want a bigger area for its den, and crate training is typically best used for larger dog and smaller dog.

While home training a dog or a domestic dog, it is vital to pay close attention to the signs the dog is sending. It's also essential to be consistent in regards to feeding times, and to offer the dog freedom to the toilet place you set up on a normal foundation.

It's very crucial to never rush the technique of home education. At the same time as few dogs are evidently simpler to educate, most owners will experience minimum shortcomings during the house training procedure. While these injuries occur, it's highly crucial not to get mad and punish the dog. Shortcomings during house training usually imply that the owner is trying to progress too quickly, or that the dog has been left alone for too long. In this case, it's best to simply take a step back and start the technique again.

It's also essential for the owner to reward the dog enthusiastically while it does its private business inside the appointed vicinity. The dog has to learn how to associate doing its private business in its toilet vicinity with right things like treats, rewards and applause.

For the duration of the house training method, the toilet region starts off very small, as small as 1/2 of a small room in the beginning, because the dog learns to control its bladder and bowels better, and the owner learns to understand the dog's rest room desires, the toilet area can be slowly improved. It's no longer necessary to make the den area too huge too quickly. The den area needs to be enhanced slowly for the home training procedure to progress smoothly.

It is vital for the dog to be well acquainted to its den. Many dog, particularly those who've in no way been given freedom outside the owner's inspection before, together with those who have spent their lives as outdoor dog, may additionally react to the den location as though it is a prison, and continuously whine, bark and try to break out the den. It is crucial that the dog discover ways to consider its den/cage as a domestic home and no longer a cage.

One problem many dog owners forget while home training a dog is that of boredom. Boredom is surely the root cause of many conduct issues in dogs, together with chewing and other unfavorable behaviors. Boredom can also be the basic motive of problems with home training.

Dogs that are bored regularly take huge quantities of water all day, and this extra water intake can lead to the desire to urinate regularly, even in its den area. Because soiling the den area is going against the dog's nature, he can quickly become harassed and anxious, thereby setting the home training program back even further.

To prevent the dog from becoming bored while you are far from home, make certain to offer him lots of different varieties of toys, in addition to a secure and cozy area to sleep. In addition, a vigorous amount of play time can assist the dog sleep even as you are away. Further, gambling with the dog in its den area will help him bond with this area and see it as a secure, at ease space.

Crate Training for Dog

Crate training is one of the easiest methods of home training any dog or puppy. Crate education may be very efficient, and really effective, since it makes use of the natural instinct of the dog to reap the preferred end result of a clean house and a properly-skilled dog.

The idea of crate training is that a dog evidently strives to keep away from soiling the location where it eats and sleeps. By way of placing the dog inside the crate, this intuition is stronger. The dog will come to look at the crate as its den, and it will try to keep away from soiling its den.

The key to a successful crate education for a dog, as with other varieties of dog training, is to establish a terrific and recurrent procedure. This habit will beautify the capability of the dog to do its shitty business within the proper place, and keep away from the wrong places. It's far crucial to shower the dog with reward whenever it defecates in the set up lavatory location, and not to express frustration or anger when the dog makes a mistake.

It is important to confine the dog to a small part of the house, usually a dog proofed room, when you are not at home. The room has to contain a tender bed, fresh water and some preferred toys to save the dog from becoming bored and restless.

Crate training isn't like confining the dog to a room, however. With crate training, the dog is restricted to a crate when unsupervised. The idea is that the dog will think about this crate as its home, and will no longer want to soil its home.

While crate training, it is important to remove the dog from the crate as soon as possible after returning home, and to take the dog right away to the previously mounted rest room area. When the dog does its business in the toilet, be sure to offer plenty of reward and treats. It's very important that the dog learns to associate proper rest room techniques with appropriate things like treats and toys.

It is essential to never leave the dog in its crate for long periods of time, as this could confuse the dog and pressure it to soil its napping vicinity. The crate is surely a tool, and it ought not to be abused by way of leaving the dog in it for prolonged intervals. If the dog is left inside the crate for too long it could cause a major setback on the training by weeks if not months.

The dog ought to only be limited to the crate when you are at home during the day, because at night dogs have to relieve themselves at least forty five minutes or so. Whenever the dog is taken out; it ought to be put on a leash and without delay taken outdoors. Once it's outside the residence, the dog needs to be given 3 to 5 minutes to do its enterprise. If the dog does not do so, it must be returned to the crate.

If the dog does its business at some time in the long run, it needs to be rewarded with reward, food, play, affection and a prolonged walk or duration of play interval outside the home.

All through the crate education duration, it's very essential to preserve a daily diary of the dog's toilet activities. If the dog is on an ordinary feeding agenda, the toilet schedule ought to be regular. Having a good record of when the dog wishes to get rid of waste each day might be a big help throughout the home training process. After the dog has used its established toilet place, you will be able to provide the dog free run of the house to play and celebrate with it.

Managing shortcomings during Crate Training

It is very crucial not to punish the dog while it makes a mistake or has a twist of fate during the crate training procedure. If there was a twist of fate, absolutely ease up.

Accidents throughout home training suggest that you have provided the dog with unsupervised right of entry into the house too fast. The dog ought not to be allowed unsupervised access to the house until you can agree with its bowel and bladder behavior. If errors do occur, it is satisfactory to move again to crate education. Taking a couple of steps back will assist it to pass the home education technique, at the same time as shifting too quick could set matters back.

CHAPTER 4

Solution to Dogs' Misconducts

Refusing to come when called

Many dog owners fail to apprehend the importance of getting a dog to come when called until there's trouble, both with the collar or leash breaking, or the dog breaking free to chase someone or every other animals. These situations can be dangerous for the dog, the owner and other members of the community. In regions where there is a lot of vehicular traffic, the situation may even be deadly to the dog.

Unfortunately, many owners sabotage this crucial part of their dog's education by way of permitting it to run off leash and unattended to. Whether or not the dog is authorized to run inside the park, at the seaside, or just play with other dog, this teaches the dog that there are numerous things that do not involve its owner. In truth, from the dog's perspective, those fun instances are frequently ruined by the appearance of the owner.

Observe instances from the dog's attitude for a moment. You and the dog are having a tonne of excitement going for walks on the seashore with all of your dog buddies, and all at once here comes this human to take you faraway from the fun. When you see the dog's point of view it is simple to see how the appearance of the owner and the leash may be understood.

This negative notion causes many dogs to delay this outcome by refusing to come when called. From the dog's point of view, the dog has learned that the most rewarding thing to do is to ignore the call of its owner. At the same time as this will appear like a good idea to the dog, it is no longer a great issue from the owner's perspective.

For dog who have not yet found out this kind of avoidance behavior, it is satisfying to save yourself from this dilemma by supervising the dog at play, and making the time you spend with your dog as plenty, or more, amusing, as the time it spends alone with other dogs.

For dog which have already learned the act of ignoring their owner, some retraining is paramount. It's far important that the dog reply to the *"come here"* command, for the protection of both people and dog itself. One factor to keep away from, is following the *"come here"* command with unpleasant activities like calling the dog and then without delay giving him a bathtub, clipping his nails, taking him to the vet, and so forth. This will fast teach the dog that coming to the owner has terrible consequences. It is crucial to ask the dog to come after which you play, feed, stroll with it or interact in other fun activities. In case you do want to take your dog to the vet, shower it, etc. Be sure to give it some time so the dog does not associate the *"come here"* command with the awful activities.

It is essential to understand that dogs are continuously getting to know, whether or not a formal training session is on or not. Your dog is constantly learning something from you, whether correct or dreadful. It's therefore vital to make each interaction with your dog a fantastic one.

While training the dog to come on command, it's crucial that the dog be constantly rewarded every time it does as the owner commands. A reward may be as easy as a pat on the head, or a scratch at the back of the ears. Of course, treats with rewards are loved, and lots of dog are surprisingly inspired by food and reply quickly to this kind of training. The secret is to be consistent. The dog has to get some kind of reward, whether it is reward, a toy, or a treat every time it acts in accordance with the owner's wishes.

Training for correct dog conduct

There are numerous motives for teaching proper dog conduct and coaching, such behavior has many benefits for both the human and dog companions. Dog behavior training is crucial to life and death problems such as preventing aggression, controlling dog on dog aggression problems and coaching dogs to have interaction well with both their handlers and with other members of the circle of relatives.

Information on how dogs advance, and the way dog engage with other animals, is very crucial to understanding how to properly train your dog to be a devoted and dependable associate.

The original dogs were probable orphaned wolf dog

followed by early human beings. These wild dog probably learned to act as their human protectors loved, along with guarding the cave or scaring off predators. In exchange for these esteemed behaviors, the people possibly supplied their new partners with food, protection and shelter.

That kind of partnership still exists these days and dogs can still do and perform treasured jobs for its human benefactors. Those jobs consist of herding and guarding farm animals, guarding assets, guarding human beings, and locating games.

Whilst making plans for a dog training program, it's far crucial to recognise that dogs are pack animals. In wild dog societies, packs are fashioned, and each member of the pack quickly learns its location within the order. Besides, on the occasion of demise or damage to the alpha dog, the hierarchy never changes as soon as it's been mounted. The lower dog understand not to question the alpha dog, and the alpha dog understands his location as leader of the pack.

All of the different dogs within the pack look to the alpha dog for leadership in critical cases like locating food and keeping off large predators. So to educate your dog and cement your position, it is vital for it to recognise you to be the alpha dog.

This is because a dog that sees its owner as a superior leader will comply with the instructions the owner offers without question. Getting the respect of the dog is the most crucial step to proper dog training, and it's going to form the basis of all subsequent training.

The motives for training a dog properly are many, particularly in today's society. A nicely-mannered, obedient dog is a pleasure to be around, both for the owner and his or her family, and for humans in the society at large. Furthermore, seeing a nicely-mannered dog sets human beings's mind comfortably, in particular breeds which are perceived to be dangerous, which include dobermans, rottweilers and pit bulls.

When training dog and managing unwanted dog behaviors, it's vital to understand the motivating factors behind those behaviors. For instance, many dog showcase unwanted behaviors associated with chewing and destroying fixtures due to separation tension. Handling the causes of these behaviors is a critical first step to eliminating those problematic behaviors.

Many dog exhibit undesirable behaviors as a result of pressure within the animal's lifestyles, and its incapability to deal with that pressure. The purpose of an amazing dog training program is to allow the dog to endure extra levels of strain without turning into a problematic animal.

Whilst managing dog conduct, it is essential not to confuse human conduct with dog conduct. Even as there may be temptations on the part of dog owners to see their dogs as nearly human, in fact dog and humans have very specific drives, and one of a kind reaction to comparable conditions.

One trait that human beings and dogs do share is the need to shape the social groups and bond within social companies. This bonding is important to both humans and dog, as both species have developed and changed over time.

Removing biting behaviors

Bringing home a brand new dog is constantly an interesting time. Introducing the new dog to the family needs to be an exciting time for both you and your dog.

One of the first challenges, however, to the excitement of the new dog, is curtailing umpleasant dog behaviors.

Stop biting and mouthing

Biting and mouthing is a common pastime for many dog and puppies. Dogs evidently chunk and mouth each other whilst playing with siblings, and they amplify this behavior to their human partners. While other dogs have thick skin, however, human beings do not, so it's essential to educate your domestic dog on what is suitable, and what is not on the subject of the use of those sharp enamel.

The first part of training the domestic dog is to inhibit the biting reflex. Biting might be adorable and harmless with a five pound dog, however it's neither adorable nor innocent when that dog has grown to adulthood. Consequently, dogs have to learn to manipulate their bite earlier before they attain the age of four (4) months. Dog usually discover ways to inhibit their chunk from their moms and their littermates, but considering the fact that they may be taken away from their moms while young, many never understand this crucial lesson. It is therefore up to the people within the dog's existence to teach this lesson.

One remarkable way to inhibit the biting reflex is to permit the dog to play and socialize with other dog and socialized older dogs. Dog love to tumble, roll and play with each other, and whilst dog play they chew differently constantly. This is the satisfactory manner for dogs to discover ways to manage themselves when they chew. If one dog will become too difficult when playing, the rest of the pack will punish him for that behavior. Through this kind of socialization, the dog will learn to control its biting reflex.

Proper socialization has other blessings as well, including teaching the dog not to be frightened of other dogs. Dog which might be allowed to play with different dog, study important socialization capabilities, commonly discover ways to become better members in their human family. Dog that get less socialized can be more unfavorable, more hyperactive and display other troubling behaviors.

Furthermore, lack of socialization in dogs regularly causes fearful and competitive behaviors to widen. Dog frequently react aggressively to new conditions, especially if they're not well socialized. In order for a dog to grow to be a member of the community in addition to the family, it must be socialized with different humans, especially kids. Dogs make a distinction between their owners and other people, and between children and adults. It's far essential, therefore, to introduce the dog to both kids and adults.

The best time to socialise a dog with young kids is while it is nonetheless very young, generally while it is 4 months old or young. One motive for this is that mothers of young kids can be understandably reluctant to allow their youngsters play with huge dog or older dogs. That is especially correct with massive breed dogs, or with breeds of dog that have a reputation for competitive conduct.

How to use Trust to save you from being bitten

Teaching your house dog to trust and appreciate you is a completely effective way to prevent biting. Gaining the trust and respect of your dog is ideal for all dog training, and for correcting troublesome behaviors.

It is crucial to in no way hit or slap the dog, both throughout training or any other time. Physical punishment is the most suitable way to erode the progress of an effective education program. Reprimanding a dog will not prevent him from biting, it will truly scare and confuse him.

Training a domestic dog not to chunk is an important part of any dog education training. Biting behaviors that are not corrected will best worsen, and what appeared like innocent behavior in a dog can fast expand to risky, detrimental behavior in an adult dog.

Everybody who owns a dog or dog will sooner or later run into the need to eliminate unwanted habits. While most dogs are eager to thrill their owners and clever enough to do what is requested of them, it is important for the owner to properly say just what constitutes desirable and unacceptable behaviors.

Each sort of unacceptable behavior calls for its own personal particular treatments, and in most instances the healing procedures will need to be tailor-made to fit the unique personality of the dog. Each breed of dog has its very own specific personality characteristics, and each person inside that breed has his or her very own precise personality.

How to handle excess whining, howling and immoderate barking

Start with one of the most frequently encountered problematic behaviors in both dog and puppies. While a few barking and different vocalizing is perfectly regular, in many cases barking, howling and whining can turn out to be complicated. That is specifically crucial for the ones residing in rental buildings, or in closely spaced houses. Fielding court cases about barking isn't always the excellent way for you and your dog to meet the buddies.

A few recommendations of handling excessive whining, barking and howling are:

- ✓ In case your puppy or dog is howling or whining while restrained to its crate, straight away take it to its rest room region. Most dog and puppiess will whine when they need to do their shitty business.It's very essential to train a dog or a dog to accept being on its own. Many dog suffer from separation anxiety, and these worried dog can exhibit all types of negative and annoying behaviors. It's far important to familiarize the dog to being left on its own, even if the owner is at home.
- ✓ Constantly strive to make the house puppy or dog at ease as possible. Constantly attend to the bodily and psychological desires of the dog via meals,

water and toys.

- ✓ If the dog is whining, check for obvious reasons first. Is the water dish empty? Is the dog displaying signs and symptoms of contamination? Has its favourite toy rolled below the fixtures? Is the temperature of the room too hot or too bloodless?
- ✓ Do not reward the dog or puppy for whining. If the dog whines whilst left alone, as an instance, it'd be a mistake to visit the dog whenever it whines.
- ✓ After you have ensured that the dog's physical desires are being met, and that pain is not responsible for the whining, do not hesitate to reprimand the dog for irrelevant behavior.

How to solve chewing problem

Dogs obviously bite, and they have a tendency to explore the use of their mouths and teeth. Whilst chewing can be regular, however, it isn't desirable, and it's far vital to nip any chewing issues within the bud to save the chewing dog from developing right into a chewing dog.

Supplying a selection of chunk toys is important whilst coaching a domestic dog what's suitable to bite and what is not. Offering a variety of appealing chew toys is a good manner to keep the domestic dog entertained and to keep his tooth and gums exercised. Scented or flavored toys are best picks for most dog.

The dog ought to be endorsed to play with those chosen toys, and the domestic dog ought to be effusively rewardd on every occasion it plays with or chews these toys.

Some other terrific method is to encourage the dog to pick a toy on every occasion it greets you. Whenever the dog greets you or a member of your own family, teach it to get a toy among its favourite toys.

It's also crucial to workout top housework strategies when training a dog to not chunk on objects. Keeping the location to which the domestic dog has access. Keeping gadgets out of reach of the dog will go a long way towards discouraging irrelevant chewing. Attempt to keep the dog's location free of shoes, trash, and different objects, and always make certain that the region has been properly dog proofed.

If the dog does pick up an inappropriate item like a shoe, distract the dog and quickly replace the item with one of its toys. After the dog has taken the toy, reward it for playing with and chewing that toy.

Eliminating hassle behaviors while training your domestic dog

Sadly, getting rid of worrisome behaviors is one issue that most dog owners in the end face. This part of this book will identify some of the most encountered behaviorial issues;

Problem #1 – leaping up on people

One of the most common issues often referred to with dogs is that of jumping up on people. Alas, that is one of those behaviors which might be frequently inadvertently encouraged by owners. After all, it's far lovely and adorable when that little 10 pound dog jumps up on you, your own family members and your pals. Many humans reward this conduct on the part of a small dog with kisses and treats.

This is a huge mistake; however, when you consider that, your adorable little dog may soon grow to be a complete grown up dog who could weigh a hundred kilos, that jumping behavior is not quite so lovely, likewise to being annoying, leaping up on humans may be dangerous. A massive, heavy dog, jumping enthusiastically, can effortlessly knock over a toddler or an older or handicapped adult. In today's controversial society, such an incident ought to easily scare you, because it leaves the dog's owner with the problem of an undesirable lawsuit.

The time to train a dog that is jumping up on humans while it's still young is clean to handle. Retraining a dog that has been allowed to leap up on human beings may be difficult for the owner, and complicated for the dog.

Whilst the doggy tries to leap on you or every other member of your own family, gently but firmly place the dog's lower back to the floor. After the dog is standing firmly at the ground, be sure to reward it.

It is critical for each member of the family, as well as regular pals, to take in this rule and observe it meticulously. If one member of the family reprimands the dog for leaping and another rewards it, the dog will be understandably confused. As with other dog training issues, consistency is the key to coaching the dog that jumping is beside the point.

While praising the dog for staying down, it is crucial for the teacher to get down on the dog's level. Giving affection and reward at eye stage with the dog is a tremendous way to reinforce the lesson.

Hassle #2 – pulling and tugging at the leash

Pulling on the leash is another problematic trait that many dogs pick up. Alas, this behavior is one that is now and again encouraged by well-meaning owners.

Playing games like tug of war with the leash, or maybe

with a rope (which can look like the leash to the dog) can unwittingly encourage a problematic conduct.

The use of a best frame handle may be a huge help when training a dog to not pull, or retraining a dog that has picked up the dependancy of pulling on the leash. Try training the dog to simply accept the frame with the same manner it accepts the everyday buckle collar.

While strolling with your dog, try using a toy to inspire the dog to remain at your side. A training collar well used, can also be an excellent education tool for a troublesome dog. While using a training collar or choke chain, however, it is very essential to fit correctly, and to use a rope that is neither too massive nor too small for your dog.

While walking along with your dog, it's far vital to hold the leash free at all times. If the dog starts to tug in advance, the handler needs to instruct the dog quickly. It is important to use a short tug, observed by means of an instantaneous slackening of the leash. When training a dog, it's far essential to never let the dog pull you around. Training the dog to walk well is certainly vital, especially while coping with a large breed of dog. If your hundred and fifty pound extraordinary dog hasn't found out how to stroll well even if it remains a 20 pound dog, possibilities are, it will in no way learn.

It is crucial to yank or pull on the dog's neck whilst correcting him. A mild, constant strain will work tons better than a difficult yank. The acceptable strategy is to apply the least amount of strain neccesary to acquire the preferred end result.

Hassle #3 - escaping and roaming the neighborhood

A responsible dog owner could in no way dream of allowing his or her dog to roam the neighborhood freely.

Allowing a dog to roam on its own is irresponsible, dangerous (to the dog and the neighborhood), and likely even unlawful. Most towns have ordinances which limit dog from being allowed to roam round loose, so you might be at risk of imprisonment if your dog is found wandering the community unjustly.

Of course occasionally, the wandering dog isn't always the owner's idea, and lots of dogs carry out feats of getting away when left on their own. The temptations for unattended dogs are many, such as passing bicycles, joggers, kids, cats and different dogs. It's a great deal easier to stop a dog from escaping than to recapture an unfastened dog, eliminating the inducement to escape is a massive part of the solution. A bored dog is more likely to spend its day plotting a top notch escape. A dog that is surrounded with masses of toys, a smooth bed, and masses of sparkling clean, water, is more likely to spend its day contentedly napping or playing with toys till the owner returns.

Similarly, a dog with plenty of pent up, unused power will likely try and escape. Try to incorporate several vigorous play sessions with your dog into your daily activities. Make one of these play classes earlier than you leave. It is also essential to make the opportunities of a break out as dim as possible, through proper fencing and different measures. For dog that dig, it may be important to extend the fence underground with the aid of putting metallic stakes in the floor every few feet. For dogs that bounce, it may be necessary to make the fence higher. And if none of these measures work, it may be essential to confine the dog to the house while you are not at home.

Dog training for favored behaviors

Teaching a dog proper conduct when it is younger could be very critical. Even as playing and having an exciting time with your new dog or puppy is without a doubt important, it's also critical to train your dog accordingly to what's expected, which behaviors are suited and which behaviors aren't perfect.

Teaching those lessons early, whilst the dog is still a puppy, is a pleasant guarantee that these lessons may be retained. Dog understand quickly, and each interaction between human and dog is teaching the dog something. Making sure you're teaching the proper training is important to you because you are the dog handler.

Right education strategies are important for the safety of the dog in addition to the protection of the family and the commuity at large. Whilst dog are loving, protective participants of the circle of friends in most instances, a poorly trained dog can be dangerous and detrimental. Making sure your new addition is a pleasure to be around and not a threat is satisfying to the owner.

The connection among human beings and dogs dates as far back as hundreds of years, and dogs were domesticated longer than any other animals. Therefore, human beings and dogs have formed a bond not shared among other domesticated animals. This strong bond could be very useful while training any dog.

All dog owners and dog trainers should understand how dog society works within the absence of people. It's far vital to recognize the pack hierarchy, and to use that hierarchy to your benefit as you train your dog. All pack animals have a lead animal, in the case of dogs it is the alpha dog. All contributors of the pack look to the alpha dog for direction and steerage. The alpha dog makes crucial organization in searching, averting other predators, protecting territory and other important survival skills. This pack arrangement is what has allowed wolves and wild dog to be such successful predators, while other big predators have been driven to extinction.

What all this means to you as the dog instructor is that you ought to set your self up as the pack leader, the alpha dog if you will – so you can earn the respect and trust of your dog. If the dog does not see you as its superior and its leader, you will not get very far in your training.

Admiration isn't something that can be forced. It's something that is earned through the interaction of humans and dog. As the dog learns to admire and contemplate you, you will start to make amazing strides in your training program. Training based on mutual appreciation and trust is much more likely to prevail ultimately than one that is based totally on worry and intimidation.

A fearful dog is prone to becoming a biting dog, and that is sincerely one thing you do not need in your house. Rewarding the dog while it does the right thing, in preference to punishing it for doing the wrong thing, is crucial to the fulfillment of any training program.

Punishment confuses and similarly frightens the dog, and it may set the training course weeks back if not months. It is vital to provide the dog the choice to do the proper thing or the wrong thing, and to reward the dog when it makes the right choice. For example, if the dog chases joggers, have a friend jog by while you keep the dog on the leash. If the dog attempts to chase the "jogger", take a step and backtrack it, then start once more. You aren't punishing this wrong decision; you're sincerely providing the solution. While the dog sits flippantly through your side, deliver it a treat and lots of reward. The dog will quickly examine that sitting is the right choice and chasing the jogger is the wrong one.

CHAPTER 5
Advanced Dog Training Games

Responding immediately when called is an essential ability that every dog should exhibit, both for its personal protection and for those around it. A disobedient dog that refuses to respond when called could be hit by an automobile, get into a fight with another dog or go through a series of other bad experiences. A properly trained dog that comes when called can be taken out to play in the neighborhood park, at the seaside, at the hiking path, or anywhere else the owner and dog may also desire to go.

Simple teaching the dog to come when called is distinctly smooth and simple, and involves offering reward, treats and different perks while the dog does as its owner desires. After those simple commands known as physical training games are mastered, there are a number of fun sporting events that can be introduced to the dog as a hobby.

Turning training into an amusing game is one of the satisfactory methods to inspire dogs and handler alike. It is normal for training periods to become routine and boring, and it's highly essential to keep them from degenerating into this state.

Before beginning any meal based training workout, it is crucial to make sure that the dog is well influenced and ready to respond to instruction. Start by taking a bit of its regular food and waving it in front of the dog's nose, if the dog shows high enthusiasm for the food, it is ready to start the training. If not, it's far great to wait until the dog is in a more receptive mood.

Use treats that shows best response with primarily based training games like hide and seek or smaller pieces of cheese and liver. In other words, something your dog will love. It is great to use very small portions to keep it from over-feeding throughout the training periods.

One wonderful sport for you and any other member of the family or friend to play along with your dog is back and front don't forget. This is an extremely good exercise for teaching your dog to return

Whenever it's called by different member of the family, dogs often find ways to only respond to at least one individual, and this will be a problem when different human beings are looking at the dog. This is one reason why professional dog handlers usually insist on working with the owner. A well skilled dog ought to learn to reply to whoever is around, not simply the owner or handler.

In a secure area like a fenced yard, one individual calls the dog and asks it to sit and stay till another person asks it to come back. While the dog responds to the command to come back, it is rewarded with a treat. Most dog respond superbly to this exercise and love playing this sport. While playing the back and forth bear in mind that it is critical that only the individual that called the dog be allowed to give it a treat.

After the dog has mastered the back and forth sport, the people in the sport can start to spread out, accordingly turning it into a game of hide and seek. Every time they call the dog to return, they spread out faraway from where they began. As the game keeps up, one person could be at one end of the residence, whilst another can be at the other end. What makes the game so amusing for the dog is that it must search out the person to get the treat, in place of truly walking up to someone in plain sight. This type of game appeals to several of the dog's herbal instincts. In spite of everything, dogs are obviously hunting animals, and looking for food is second nature to them.

Keeping your Dog Motivated

Keeping the dog focused and motivated during training isn't alwys easy. Dog can be easily distracted, and it's far necessary not to allow the training periods to be disrupted by boredom. Making training fun for the dog and the human handler likewise is important to developing a happy, well-adjusted and nicely skilled dog.

Providing random nice incentives for the duration of the day is a superb way to keep the interest of the dog. Doing things the dog enjoys, like strolling in the park, driving in a car, and playing with different dog, is a notable way to keep the dog's interest and reward it for small successes.

For example, in other to reward the dog for coming to you, ask the dog to come to you without giving any clues like a stroll, a car trip, or different treats. After the dog has come to you and obediently sat down, connect the leash and start the reward. This can be either the aforementioned walk within the park, trip in a car, or whatever else the dog loves to do.

Imparting some kind of reward, whether a treat, a special time out or just a scratch in the back of the ears on every occasion the dog does something you want is an excellent way to keep your dog inspired. If the dog is aware that something remarkable is going to happen whenever it obeys your command, it will be inspired to please you on every occasion.

Distraction Training

When training any dog, it's far important not to allow distractions disrupt the training. The dog must be trained to disregard distractions, along with different people, different dog, other animals and loud noises, and consequently on what is being taught. These forms of distractions can even be used as rewards when training the dog to return when called.

For example, if your dog enjoys playing with different dogs whether in a local dog park or with the neighbor's dogs, allow it play freely with those other dog. Then move into the park or yard and get in touch with your dog. When it comes to you, provide masses of reward, treats and different rewards, then immediately allow the dog to go out again and play with its friends. Repeat this several times and reward the dog whenever it returns to you. It will quickly understand that coming to you means a great deal (treats and reward) and not bad ones (being taken far from the park).

If the dog does not master this specific kind of training properly, don't get discouraged. Distraction training is one of the hard stuffs to teach. Dogs are obviously social animals, and breaking away from the pack is one of the difficult matters you may ask your dog to do. Most dogs can be understandably reluctant to leave their dog buddies, but it's highly crucial to persist.

Teaching the dog to return to you could require some creativity on your part at the start. For instance, waving a favorite toy, or a treat, is a great way to get your dog's attention and put the focal point back to you. If your dog has been clicker trained, a short click can be a terrific motivator as well.

Once the dog begins to get the grasp of coming when called, you may start to reduce and eliminate the visible cues and attention on getting the dog to respond to your voice on your own. It is crucial that the dog reply to voice commands by itself, in view that you will not usually have in handy toys or other treats as the case may be.

CHAPTER 6
How to Cope with Dog Separation Tension

Separation tension, additionally regarded to in dog training world as owner absent misbehavior, is one of the more frequently encountered troubles in the world of dog training. Separation tension can occur in lots of extraordinary ways, consisting of chewing, destroying the owner's assets, excessive barking, self-detrimental conduct and careless urination and defecation.

Dog affected by separation anxiety regularly whine, bark, cry, howl, dig, chunk and scratch on the door when the family members are away. Well-meaning owners regularly unsuspectingly inspire this misbehavior through rushing home to reassure the dog, but it's far important for the well-being of each dog and owner that the dog learn how to deal with extended periods of separation.

How the owner leaves the house can often make an impact to separation tension issues. An extended and drawn out period of farewell could make things worse by making the dog feel very lonely when the owner finally leaves. Those lengthy kinds of farewells can get the dog excited, and then leave him with lots of excess power and no way to work it off. These excited, isolated dog regularly work off their extra energy inside the most unfavorable methods, which includes chewing up a favourite rug or piece of furniture.

Extra strength is regularly unsuitable for separation anxiety. If you think that excess amounts of energy may be the problem, try giving your dog more exercises to see if that removes the trouble.

If separation tension is really the trouble, it is vital to cope with the root causes of that anxiety. With the intention to prevent separation tension from occurring, it's far essential for the dog to feel satisfied, safe, and comfortable at the same time as the owner is away for the day. It's far crucial, for example, to give the dog lots of things to keep it busy at the same time as you're away. This means presenting it with lots of toys, including balls or chewing toys. A dog partner is often effective at relieving separation anxiety easily. Giving the dog a playmate, along with some other dog or a cat, is a great way for active owners and pets allike to cope with the strain of being left alone.

Setting apart scheduled play instances, at some stage in which the pet is given your undivided attention, is some other top notch way to alleviate boredom and separation anxiety. Playing with the dog and supplying it with sufficient objects of interest and exercise is a confirmed way to reduce pressure and trauma. A happy dog that has been nicely exercised and properly-conditioned will commonly sleep a day away thankfully and patiently look forward to the return of its owner. It's far critical to set any such day by day play classes earlier before you leave the house every day. It is crucial to calm the dog few minutes after playtime before you go away.

For dog that are already experiencing separation tension and related misbehaviors, it's far important to get them acquainted with your departure. Make certain to practice leaving and returning at abnormal periods, numerous instances during the day. Doing so gets your dog accustomed to your departures and encourages it to understand that you are not leaving him for ever; dog which have been formerly misplaced, or those that have been submitted to shelters and readopted, regularly have the worst problems with separation anxiety. A part of treating this problem is teaching the dog that your leaving isn't always permanent.

Stopping unwanted urination

Troubles with inappropriate urination are some of the most commonly encountered problems faced by dog owners. Inappropriate urination and defecation is the most commonly stated reason that owners submit their animals to shelters.

Before you can cope with issues with irrelevant urination, it's far essential to recognize the cause of the trouble. There are several reasons why dogs lose control of their bladders, and it is essential to recognize the root cause of the trouble before it can be properly addressed, which include;

Problem #1 – pleasure induced urination

Dog regularly urinate once they appear as overly excited,

and dog which can be otherwise flawlessly controlled every now and then display their pleasure via dripping urine when greeting you excitedly. It's far regular for few dogs to urinate after they get excited, and this could be a particular problem for lots older dogs.

Quite a few pleasure induced urination happens in dog, and it's far due to a loss of bladder control. The dog might not even know it is urinating, and punishment will simply confuse it. Becoming indignant with the dog will quickly cause pleasure induced urination to transform into submissive induced urination, hence compounding the trouble. As the dog grows older and develops higher bladder control, this kind of pleasure induced urination ought to disappear.

The pleasant remedy for pleasure induced urination is prevention. Preventing your dog from becoming over excited is the best way to manage this troubling behavior.

In case your dog is worked up via a particular stimulus or scenario, it is important to repeatedly expose it to that state till it no longer causes excessive excitement.

Problem #2 – submissive urination

Submissive urination is a part of pack behavior among animals like dogs and wolves. The submissive member of the pack indicates its submissiveness by lowering itself and urinating. For the reason that dog are pack animals, they'll display their submissiveness to their owner, who they regard as the pack leader by means of displaying this submissive urination.

Dog that exhibit submissive urination are generally displaying their insecurity. Unsocial zed and previously abused dogs regularly show off submissive urination. These dogs want to be seen that there are extra suitable approaches to express their submissive status, together with shaking palms or licking the owner's hand.

The best way to address submissive urination problems is frequently to disregard the urination. Appearing to reassure the dog can provide the wrong effect that you approve of the conduct, while scolding the dog can make the submissive urination worse.

Correcting troubles with submissive urination must be directed at building the dog's self assurance and coaching him in different ways to express his identity. Teaching the dog to lift his paw, take a seat on command, or similar obedience instructions, is a great way to direct the dog's appreciation in an extra suitable way.

Problems with urination are not usually easy to cope with, but it is important to be consistent, and to continually reward suited conduct on the part of the dog. When urination troubles do occur, it's a great idea not to first rule out any clinical situations that would be inflicting the trouble. Scientific problems like bladder infections can be the basic cause of problems with unwanted urination.

After any clinical troubles had been ruled out, it's essential to decide what's inflicting the trouble, and treat it accurately. While it can be tempting to punish the dog for irrelevant urination, doing so will most effectively confuse and similarly intimidate it.

The best way to educate your dog not to chase human beings, bicycles, and joggers

Dogs by way of nature are predatory animals, and all predatory animals share the incentive to chase fleeing items. While this is a natural intuition, it isn't always appropriate when those fleeing are joggers, bicyclists or the mailman.

Training the dog not to chase people and bicycles is an essential thing to do, and it's far great to start that training as early as possible. Beginning whilst the dog is still small and non-threatening is important, especially with breeds that develop very big, or with breeds which have popularity for being very competitive. Many people reply to being chased by a dog, especially a massive dog, with understandable fear, and it's great for yourself and your dog that it be trained not to chase earlier before it reaches a threatening extent.

Some dog are simpler to train from chasing than others. Breeds which have been used for watching or herding often control their chasing instincts than different breeds of dogs.

Regardless of what breed of dog you are running with,

it's important to not allow it off the leash until its chasing behavior has been curbed. Allowing an untrained dog off the leash is dangerous, irresponsible and illegal.

Before you expose your dog to a state in which it'll need to chase a person or some thing, be sure to educate it in a safe and controlled enviroment like a fenced backyard. It is important for the dog so that you can keep its focus on you, and for it to understand what conduct you need. The dog should be given the responsibility time and again to carry out the conduct you need while in this controlled setting.

The training session must begin internally within the dog's home. The dog has to be put on a leash and the owner and the dog ought to stand at one end of a hallway or a room. The owner then waves a tennis ball in front of the dog however it doesn't permit it to touch it. After that, the tennis ball is rolled to the other end of the hallway or the room, and the command "stop" is used to tell the dog not to chase the ball. If the dog starts out after the ball, use the command "stop" again and apply a light tug at the leash.

When carrying this sort of training, it's essential that the dog is not allowed to touch the ball. If it reaches the ball, it might imagine that "stop" means to get the ball. This exercise must be repeated numerous times, till the dog has learned the "stop" command. While the dog responds efficiently by not chasing the ball, it should be rewarded with a special treat.

After the dog seems to comprehend this new game, move to another room and try the same thing. Repeat the exercise in several rooms in the house, hall, etc. After the dog has seemingly mastered the training and discovered the use of the "stop" command, you can rehearse with him without the leash; however it is still most effective in a secure vicinity like your private home or a fenced backyard. It is able for the dog to fully manage its chasing instinct, and it's crucial not to hurry the method, or to leave the dog off leash till you're sure it is completely trained.

To check the training, enlist the assistance of a friend to pose as a jogger. It is essential that the dog does not see and recognize this person; it has to assume that it's a stranger in order for the test to be valid. Stand with the dog on its leash and see your buddy jog by multiple times whilst you do the "stop" exercise. If the dog does as it's requested, make sure to provide plenty of reward and treats. If it runs after the "jogger", send a firm reminder via tugging at the leash.

Educating the shy or anxious puppy or dog

With dog as with people, some puppy and dogs are naturally more ambitious and bold than others. While you watch a group of dogs play, it'll quickly end up obvious which one of them is ambitious and which ones are shy. A number of the dog will dangle back at the verge of the pack, perhaps scared of angering the stronger dogs, while others will bounce proper into the fray and begin jostling for control.

Operating with a shy puppy or dog, or one that is anxious, provides its own special challenges. Often ambitious, forceful dogs present tough situations of their own, particularly with control and leadership problems. Every form of dog or puppy has its personal unique traits and its own unique training challenges as a result.

One important reason to build self reassurance in a nervous dog is to save you from biting. Excessive worry dog frequently end up biting to cope with their worry and this sort of fear response can be risky for you and your dog. It is vital to train the dog or puppy that new situations and new human beings are nothing to fear, and that they're not out to harm it.

Symptoms of fear in both dog and dogs consist of being scared of strangers, being leery of new conditions, and averting certain people or gadgets. A nervous domestic dog or puppy can also snap or bite, particularly when cornered.

If you notice signs of worry in your puppy or dog, it's far necessary to act quickly. Fear induced responses can fast turn out to be ingrained in a dog, and as soon as the fear memories are planted they may be hard to erase. Why socializing a younger dog is important to making sure your dog is not apprehensive, and could not grow to be a worry biter. Many dogs are raised as only dog, however even these dogs need to receive the opportunity to play with different dogs and with properly socialized older dogs and friendly cats as well. The more novel conditions the dog encounters while it's younger, the better it could be able to adapt to new situations as an adult dog.

Adapting to new and changing conditions is a crucial existence ability that each dog need to analyze. As you already know, the world is constantly changing and adapting, and it is crucial that both you and your four legged companion learn to take these adjustments in stride. It's critical for owners to not inadvertently toughen or reward shy or apprehensive behaviors. For example, while a puppy or dog shows worry by whining, crying or hiding, it's natural for the owner to go over and reassure the dog. This form of reassurance can be misinterpreted by the animal as a signal of reward from the pack leader.

While the puppy or dog demonstrates anxious or shy conduct, the excellent method is truly to disregard it. The dog ought to be able to analyze on its own that there is nothing to worry. If left alone, a dog will regularly start to discover the fearful object on its own, thereby getting to know that the initial fear reaction is unsuitable. The owner should permit the dog to discover matters on its own, and not try to cuddle or over guard it.

Another reason for worry reactions, specifically in older dog, is past abuse or lack of right socialization as dogs. The window for good dog socialization is distinctly short, and once this window has closed it is hard to train a dog to socialise with dog and different animals. Likewise, a dog that has been abused in all likelihood has all varieties of bad associations, and it's up to a patient owner to work with the dog to replace those worry reactions with more appropriate responses.

While running with an older anxious dog, it's essential not to attempt to rush the socialization and fear abatement technique. It is best to surely permit the dog to discover things on its very own, even supposing it means it spends a whole lot of time hiding from the perceived monster. Appearing to pressurize the dog to confront the things it fears will do greater damage.

It's also essential to cope with already ingrained fear based total behaviors, which includes biting, snapping and growling, whether or not they resulted from past abuse, a lack of socialization or a mixture of things. If the dog is apprehensive and reacts defensively to strangers, it's important to introduce it slowly. It is critical to correct these risky behaviors and train the dog that fear isn't any excuse for growling, snapping or biting. The best way to do this is to at once reprimand and correct the dog when it bites, snaps or growls at all and sundry.

The dog should be generously rewarded the minute it stops showing aggressive conduct. If you discover yourself reprimanding your dog for displaying competitive behaviors, it is possible you have tried to move him outside too quickly. It's essential to avoid threatening situations an awful lot till the dog has built up the self belief it requires to deal with those conditions. In case you think you have moved too fast, take some steps back and allow the dog regain its confidence.

Training your dog to disregard loud noises

Loud noises, which include fireworks, thunder and site visitors, are one of the most frequently reported by dog owners. It's natural for some dogs to be afraid of loud noises, but few dogs are so traumatized by thunder, fireworks and different loud noises that they're absolutely unable to fathom.

Dogs that show excessive fear or phobias can be a risk to themselves and those around them. Dogs may also manifest their worry in self-destructive methods, like slinking underneath the couch or the mattress and getting caught, as an example. They may additionally react in manners which are detrimental to the house, such as urinating or defecating on the carpet, chewing up favorite objects, or barking frequently. Those reactions are often worse while the owner isn't at home. One component that is difficult for many dog owners to comprehend is that soothing or stroking a dog that is displaying worry is exactly the wrong thing to do. Whilst it is natural to try to calm a nervous dog, to the dog you're rewarding it for being afraid. The dog likes the sound of your voice, likes your petting, and concludes that it has accomplished the right thing by acting afraid. This mostly makes a horrifying scenario worse.

The best approach when the dog is expressing worry maybe during a thunderstorm or a fireworks show is to virtually forget about it. It's crucial to observe the dog making sure it does not harm itself, but otherwise simply forget about it and allow it work out the worry on its own. Whilst you go away, make sure there's nothing the dog hide under, for the reason that fireworks or a thunderstorm can pop up at any time.

A dog that is fearful of thunderstorms and other loud noises may additionally need to be restricted to a single room, or even a crate, for a period of time. After the dog feels safe in its "den", it can be capable of addressing its fears a whole better. It could be quite a conflict to teach a dog not to be afraid of thunderstorms, firecrackers and other such noises; however it's critical that the dog at least be capable of managing its fears without being dangerous to itself or its environment.

Using distraction to manage dog fear

Most magicians use show of hands to hide their tricks, so dog owners practice the art of distraction to take their dog's thoughts off their fear. For example, in case your dog is scared of thunderstorms and you recognize one is approaching, collect some of your dog's favorite toys and get prepared for the misdirection.

Of course, your dog will possibly recognise the thunderstorm before you do. When you see your dog begin to display worry, take some of its favorite toys and try to get it to play. Very frightened dogs can be reluctant to play, but it's crucial to try. Frequently a few treats can be a very good distraction. Try shopping for one of those balls that you could fill with treats or biscuits, and encourage your dog to chase it.

Try playing with your dog on every occasion a thunderstorm is in the forecast. This could start to implant good memories, and those can every now and then replace the fear memories that precipitated the dog to be scared of thunderstorms in the first place.

Desensitizing your dog's worry

Desensitization is a particularly powerful way to cope

with phobias and fears in humans, and it may be very powerful for dog and other animals as well. Desensitization entails introducing the dog to small amounts of noises that frighten it. For instance, if the dog is frightened of thunder, try tape recording your subsequent thunderstorm and play it again slowly whilst the dog is comfortable. Reward the dog for not displaying fear responses. If it does display fear responses, do not comfort or soothe it however simply forget about it.

This sort of desensitization training may be remarkably effective for a few dog, but it's going to take lots of patience and tough sessions. Fear of thunder and fireworks aren't always easy to tret.

Educating your dog not to chase vehicles

One of the most serious and unusual problematic behaviors among dogs is that of chasing vehicles. Dog ought to understand as early as possible that chasing motors isn't always right. This is because dogs that chase cars in the end become dogs that seize motors, and vehicle plus dog always cause massive trouble.

There are many reasons why dogs chase cars. For one part, chasing shifting items is an ingrained, instinctual conduct that could never be absolutely removed. Chasing behaviors can and must be managed through a number of suitable training and supervision techniques.

A few dogs are extra apt to chase automobiles, bikes, joggers, cats and other dogs than others. Dogs which have a high prey power, along with breeds that have been bred for hunting, are especially susceptible to the thrill of the chase. Herding breeds are also apt to chase vehicles, try to harm the neighbor's youngsters, or express other undesired traits of their breeding.

One reason why most dogs chase cars in particular is that they've found associate vehicles with desirable time and fun things. Most dogs love the experience in the automobile, and after they see a vehicle they may attempt to chase it down for a journey.

Irrespective of what your dog's motivation for chasing cars is, it's far crucial to reduce this risky conduct as quickly as possible.

Training the dog not to chase cars starts with teaching the dog the 'stop' command. The "stop" command is one of the primary tenets of obedience, and it needs to be mastered by each dog.

Coaching the dog to stay where it is, irrespective of the interesting and thrilling matters happening around is very crucial to dog education. In the world of expert dog training, this is known as distraction training. Distraction training may be very essential, and it's far relevant to coaching the dog not to chase vehicles.

Teaching this critical lesson isn't always something you'll be capable of doing on your own. You will need an extra person – a volunteer who will slowly drive by, you may stand with your dog on its leash as the volunteer drives by, having the volunteer drive your own automobile can provide a greater temptation, seeing that dog are in a position to differentiate one vehicle from another. In case your car is the one that the dog often rides in, it's far likely the most tempting item in the world.

While your buddy drives by, either your vehicle or his, watch your dog's response cautiously. If it starts to jump up or pass away, repeat the "stop" command and quickly take your dog back to the sitting position, if it remains where it is, make certain to present it lavish amounts of reward and possibly a treat.

Repeat this procedure for a few days, once your dog is reliably seated when your friend drives by, start lengthening the gap between your self and your dog. A long retractable leash works best. Slowly extend the distance between you and your dogs, ensuring you've got control.

Even after your dog is trained not to chase cars, it is important not to stay out of the leash unsupervised. Leaving a dog unattended, except inside a nicely and securely fenced environment, is actually asking for problem. Dogs are unpredictable, and it's possible that the chase instinct may want to kick in at precisely the inappropriate moment. The best method is to restrict the dog whilst you can not supervise him.

Coaching your dog to not chew

Chewing is some thing that comes early to each dog. Every dog feels the instinctual need to sharpen its teeth and hone his biting capabilities. Chewing on the right things, like specifically designed chew toys for example, can even help the dog with its teeth and eliminate plaque. Despite the fact that chewing is natural and healthy, that does not mean that the dog need be allowed to chew everything in sight. It's vital for each dog to learn the difference between the things it's allowed to bite on, like toys and ropes, and the ones which are off limits, together with carpets, footwear and other items.

While working with a new dog, it's far recommended to hold the dog in a small, dog proofed room for a few weeks. This is important to train the dog as well.

Older dogs need to also be constrained to a small place at the start. Doing this lets the dog to slowly acquaint itself to the points of interest in the new family.

While you set up this small, confined region, make sure to provide the puppy or dog with a few proper exceptional chunk toys to keep it entertained while you are not capable of supervising it. Of course the dog should additionally be provided with a warm area to sleep and lots of sparkling easy water.

As the dog is slowly moved to larger portions of the house, there can be extra opportunities to chunk irrelevant items. Because the dog is given freer access to the home, it is crucial to keep any item that the puppy or dog ought to not chunk, things like rugs, shoes etc, off the ground. If you forget about taking something out and come home to find that the dog has chewed it, fight the urge to punish or yell at the dog. Instead, distract the dog with one of its preferred toys and remove the inappropriate object from its mouth.

The dog ought to then be given one of its favourite toys. Reward the dog when it starts to bite its toy. This will help to train the dog that it gets rewarded if it chews certain objects, but not when it chews other objects.

Teaching the dog what is appropriate to chew is very important, not just for the safety of your high priced furnishings and rugs, but for the protection of the dog in general. Many dogs have chewed risky items like extension cords and so forth. This of course can injure the dog significantly or maybe spark a health problem.

Most dogs examine what to chew and what not to chew quickly, however others are obviously going to be slower than others. Some dogs bite because they're bored, so presenting the dog with plenty of toys and solo activities could be very essential. It is also a very good idea to monitor several play time every day. If the dog is very tired after its play session, possibilities are it can sleep the day away.

Other dog bite to exhibit separation anxiety. Many dog grow to be very nervous when their owners go away, and some dog end up engaged every time the owner is absent. This strain can cause the dog to display all manner of destructive behavior, consisting of chewing or soiling the house. If separation tension is the root of the trouble, the cause of it should be addressed, and the dog confident that you may return.

That is greatly achieved by means of scheduling numerous journeys inside and out of the house every day. At the start, the trips can be just a few minutes, with the duration slowly being extended because the dog's separation tension issues improve.

Educating your dog on how not to chunk

Biting is one of the things that every dog seems to do, and each dog must be trained not to do. Like many behaviors, together with leaping up on people, biting and nipping can appear lovable while the domestic dog is small, but a good deal less as it grows older, larger and stronger.

Left to their own toys, most dogs discover ways to control their biting reflex from their mothers and from their littermates. When the dog gets over excited when playing the mother dog or the other dog will quickly correct it.

Unfortunately, this type of natural correction often does not arise, on account that many dog are eliminated from their moms whilst they're nevertheless pretty young. It is therefore up to the dog's owner to take over this method.

Socializing the dog with different dogs is one of the satisfactory and most effective approaches to train the dog the ideal and appropriate way to bite, and to curb the biting act. Many communities and pet shops sponsor dog playtime and domestic dog kindergarten lessons, and these training may be fantastic places for dogs to socialize with each other, and with different humans and animals as well. Because the dogs play with different things, they will naturally chew and nip at every thing. While one dog becomes too tough or bites too tough, the other dogs will quick reply by correcting it.

The best time for the socialization of the dog to arise is while it's younger. It's far critical that every dog be well socialized, due to the fact that a poorly socialized dog, or worse, one that isn't socialized at all, can end up dangerous or even neurotic. Most experts recommend that dog be socialized before they have reached the age of 12 weeks, or 3 months.

Some other reasons for socializing the domestic dog early is that mothers of young kids may be understandably reluctant to permit their young children to play with older or large dog. Since socializing the dog with other human beings is just as essential as socializing it with other dog, it's far exceptional to do it when the dog is young enough and is non-threatening to all.

It is essential for the dog to be exposed to a wide range of various stimuli in the course of the socialization method. The socialization technique needed to expose the dog to an extensive form of other animals, consisting of other dogs, adult dog, cats and other domestic animals. In addition, the dog must be placed around humans as possible, together with younger children, older humans, men, women and people from different ethnic backgrounds.

While socialization is important to exposing the dog to various lifestyles, training and preventing it from biting, it isn't always the simplest method of preventing undesirable biting and chewing. Giving the dog suitable things to play with and bite is another way to control the biting. Offering a selection of chunk toys, ropes and other things the dog can chew is crucial to preventing boredom, maintaining its tooth polished and preserving it from chewing things it doesn't have to.

Like all training, it's very important to be steady while teaching the domestic dog not to bite. Each member of the family, in addition to close pals, who can also visit, should all be told that the dog is to be discouraged from biting. If one individual permits the dog to chew on them at the same time as others does not, the dog will quickly turn out to be careless, and that may make the training method a lot more difficult than it should be.

Building dog self belief and appreciation

The primary thing that any successful animal instructor needs to do is win the confidence and admireation of the animal. This important piece of information absolutely applies to the training of dog. As social pack animals, dogs have a natural need to comply with the leader. Placing yourself as the owner or handler is the idea of any succesful dog training program.

Until your dog has learned to agree and admire you, it will be difficult for any training to be successful. Trust and admiration are not matters that may be compelled, they should be earned through fantastic interaction with your 4 legged associate. After the dog has learned to agree with and admire the owner, you will be surprised at how quickly the training will progress.

Many new dog owners mistake love and affection for trust and appreciation. Even as it is a natural course to bathe your new puppy or dog with love and affection, it is also vital to earn its self assurance and respect. It is also crucial not to allow the domestic puppy or dog to escape with everything it desires to. It is easy to permit a dog take advantage of you, mainly while it's so lovable. It is crucial to set barriers, and to establish ideal and unacceptable behaviors.

Dogs in reality admire those types of boundaries, on account that they are similar to the policies that the pack leader establishes in nature. Each dog inside the pack is aware of what is expected of it, and is aware of its position in the pack order. This kind of established hierarchy allows the pack to hunt and live to tell the tale as a single entity. Your dog is truely searching for this type of management. If it does not get organization from you, it can get anxious or harassed.

Similarly, failure to earn the honour of the dog may be very bad for the progress of both the human and the dog. A dog that lacks appreciation for its human owner can be dangerous as well as hard to stay with. It's far essential to establish conduct of correction and terrible conduct, and to constantly, effectively enforce the boundaries.

Whilst dealing with a domestic dog, it's very critical to begin gaining its trust and acceptance as quickly as possible. Forming an early bond is the best way to move the training and socialization system forward.

It is also crucial to make the preliminary training periods quick. Dog have a notoriously short interest span, and even older untrained dog can be unable to stay conscious for more than 10 or 15 minutes at a time. It's also satisfactory to make the lesson short and nice than to stretch it out and create a negative mood.

It's also a great idea to begin and close every session with a period of playtime. Beginning and ending the training periods with excessive play is important. Dogs make quick decisions and developing a tremendous affiliation with obedience training will help to create a happy, healthy and nicely-adjusted dog. A happy dog would be less difficult to train, and extra inclined to thrill.

It is also essential to keep the dog from becoming bored all through the training classes. Many dog owners make the mistake of drilling the dog on things like primary obedience talents, heeling, sitting, and so forth.

Whilst those obedience skills are crucial, and it's far true that they may form the basis of extra superior abilties, it's important to combine things up and make it a laughing exercise for both your self and your dog. The greater range you provide the better your dog and you will enjoy the training sessions.

Conclusion;

The idea of training any animal is fundamentally to getting it to agree with you, having confidence and earning your respect. Genuine training can't begin till the animal has identified you as its leader and admire you and entrusted you with its confidence.

The error many dog owners make is mistaking love and affection for recognition and self assurance. While it's very crucial to like your new dog, it's also very crucial that the dog recognizes you and notices you as his leader. Dog are certainly pack animals, and every dog looks to the lead dog for recommendation and direction. Making you the pack leader is essential to the success of training any dog.

Failure to gain the honour of the dog can create a

disobedient, out of control and even risky dog. Difficult dog are dangerous, whether or not they may be created through awful breeding, owner ignorance or wrong training. It's far vital to train the dog right from the start, for the reason that retraining a troublesome dog is a lot difficult than training a dog properly for the first time.

It's very important for any new dog owner, whether or not operating with a 12 week old dog or a twelve year old dog, to at once get the honour of the animal. That doesn't suggest the use of difficult or risky managing methods, however it does mean letting the dog know that you are in control of the state of affairs. Dogs want structure in their lives, and they'll not resent the owner for taking control. As a member of the pack, the dog will recognize your taking the position of teacher and coach as you start your training session.

When operating with the dog, it's far essential to keep the

training classes short before everything. This is especially crucial when operating with a younger dog, since puppies have a tendency to have an awful lot shorter interest span than older dog, keeping the training session quick, and fun, is crucial for proper education.

When starting the training session, you need to be conscious of the most basic instructions. The heel command is one of the fundamental, and one of the simplest to teach. Start by putting the puppy or dog in a properly geared up training collar. Be sure to follow the instructions for fitting and sizing the shade to ensure that it really works as planned.

Begin to walk and allow your dog to stroll beside you. If the dog charges off, lightly pull the leash. This in turn will tighten the training collar and correct the dog. If the gentle strain is ineffective, it can be important to slowly increase pressure. Constantly be cautious to not over-correct the dog. The use of an excessive amount of pressure may want to frighten the dog and scare it further. If on the otherhand, the dog lags behind, the owner need to lightly encourage it till it is walking beside the owner. Most dog carry out the heeling idea pretty hastily, and quickly learn that they have to stroll beside their owners, neither lagging behind nor pulling ahead. As soon as the dog has mastered heeling at a moderate tempo, the owner needs to slow his or her pace and allow the dog to modify along with it. The owner has to additionally accelerate the tempo and allow the dog to hurry up as well. In the end, strolling frequently will beef up the lesson that the dog should always walk at the heel of the handler.

From heeling, the subsequent step must be to halt on command. This halt command works properly as an accessory to heel. As you're walking, stop and watch your dog. Many dog without delay comprehend that they're anticipated to stop when their handler does. Others can also need the reminder of the leash and the training collar.

After the halt on command has been mastered, the handler needs to encourage the dog to sit on command as well. Once the dog has stopped, the handler lightly pushes on the dog's hindquarters to encourage it to sit down. Usually, after this walk, halt, sit procedure has been achieved a few instances; the dog will start to sit on its own whenever it stops. Of course, it's important to offer outstanding reward, and possibly even a treat, every time the dog does as it's expected.

In conclusion, if you've accompanied all the courses in this book carefully you must be geared up to begin training your dog with the most complex hints and behaviors listed in this book. Always remember to be patient and constantly use high-quality reinforcement to educate your dog.

Dog which are abused or scared into obedience regularly don't have an actual knowledge of the actions they understand and express different behavioral problems that might make them a risk to you or your circle of friends. With a little persistence and lots of love, you and your dog friend can be enjoying each other's companionship without stress or behavioral issues at all times!

About the Author

Micah Jack is a dog trainer with modern and friendly approach for bringing out the best in all varieties of dog breed. Jack helps you tailor training to your dog's unique traits and energy level; leading to quicker results and a much happier pet.

Acknowledgments

I want to appreciate you for buying and reading this book, likewise my wonderful family, active fans, clients and friends for immense support.

www.ingramcontent.com/pod-product-compliance
Lightning Source LLC
Chambersburg PA
CBHW071504080526
44587CB00014B/2206

¡Alístate!

Empoderada con Propósito

Lillian Laitman

Copyright © 2020 Lillian Laitman
Producido por WoW Media
www.lillianlaitman.com

Todos los derechos reservados. Esta publicación no puede ser reproducida total o parcialmente, distribuida o transmitida de ninguna forma o por ningún medio, incluyendo fotocopias, grabaciones u otros métodos electrónicos o mecánicos, sin el permiso previo por escrito del editor; excepto fragmentos breves citados en revisiones críticas, o para algunos usos o fines no comerciales permitidos por la ley de derechos de autor.

Para solicitudes de permiso, comuníquese con el editor al correo electrónico wowmedia19@gmail.com, «Atención: Coordinador de permisos».

A menos que se indique lo contrario, todas las citas bíblicas son de la Santa Biblia, Nueva Versión Internacional®, NVI®. Copyright © 1973, 1978, 1984, 2011 por Bíblica, Inc.® Usado con permiso de Zondervan. Todos los derechos reservados en todo el mundo. www.zondervan. com. La "NVI" y la "Nueva Versión Internacional" son marcas registradas en la Oficina de Patentes y Marcas de los Estados Unidos por Bíblica, Inc.®

Las citas bíblicas marcadas con AMP son de la Biblia Amplificada. Copyright © 2015 por The Lockman Foundation. Usado por permiso. www.Lockman.org.

Las citas bíblicas marcadas ESV son de la Santa Biblia, versión estándar inglesa. Copyright © 2001 por Crossway Bibles, una división de Good News Publishers. Usado con permiso.

Las citas bíblicas marcadas con KJV son de la Versión Reina Valera © 1995 por Sociedades Bíblicas Unidas.

Las citas bíblicas marcadas como NKJV se han tomado de Versión Reina Valera Contemporánea © 1982 por Thomas Nelson. Usado con permiso. Todos los derechos reservados.

Las citas bíblicas marcadas como NLT están tomadas de la Santa Biblia, New Living Translation, copyright © 1996, 2004, 2007. Usado con permiso de Tyndale House Publishers, Inc., Wheaton, IL 60189. Todos los derechos reservados.

ISBN: 978-1-7345942-1-8 (Libro en material rústico)
ISBN: 978-1-7345942-3-2 (Digital)

Diseño de portada: Lisa McClure
Traducido por: Ernesto Giménez (thecreativeme1@gmail.com)
Fotografía de la contraportada: Karen Kurta, de Karen K Studio

Una parte de los ingresos percibidos por cada ejemplar vendido de esta publicación, se donará a Lake Mary Church, como una retribución a la comunidad local, la nación y el mundo.

Honra a Dios, ama la vida y haz discípulos

1 2 3 4 5 6 7 8 Ingram 25 24 23 22 21 20

Dedicatoria

Para el amor de mi vida y mejor amigo, mi Señor y Salvador, Jesucristo: tú eres el único que nunca me dejará ni me abandonará, el que siempre me ha demostrado un amor incondicional, y más cuando menos lo merecía.

Para Josefina, o *Ma*, como siempre la llamé: quien dejó una impresión indeleble en todos los que la conocieron. Una mujer amorosa, de gran corazón, aunque demasiado confiada a veces. Estoy segura de que escondía su capa de superheroína en algún lugar de la casa. Te amo Mami. Gracias por dejarme un legado de fe que ningún dinero en la tierra puede comprar. Gracias por tu amor incondicional; aunque no entendí la profundidad del amor de una madre hasta que me convertí en una. Como solías decir: «Ya te veré en esa gloriosa mañana».

Para mi abuela Julia: ella solo estudió hasta tercer grado, pero aprendió a leer usando la Biblia como libro de texto. Todos los días se sentaba en la mecedora de nuestra sala familiar y leía página tras página; luego, dedicaba un buen tiempo a la oración. Era la matriarca de nuestra familia, y su legado perdurará por generaciones.

Para los regalos más preciosos que Dios me concedió, Connor y Kaitlyn: me siento grandemente bendecida de ser su madre. Estoy orgullosa de las personas en las que se están convirtiendo día a día. Gracias por apoyarme durante los estudios de posgrado, por amarme en tiempos felices y difíciles y por animarme a escribir este libro. ¡Los amo con todo mi corazón!

«Pues aunque andamos en la carne [como hombres mortales], no militamos [llevamos a cabo nuestra guerra espiritual] según la carne; porque las armas de nuestra milicia no son carnales [armas físicas de carne y hueso] sino poderosas en Dios para la destrucción de fortalezas, derribando argumentos y toda altivez que se levanta contra el conocimiento [verdadero] de Dios, y llevando cautivo todo pensamiento a la obediencia a Cristo».
—2 Corintios 10:3-5

Contenido

Agradecimientos	3
Introducción: ¡Es hora de alistarse!	5
Capítulo 1: La fuerza no siempre se parece a la Mujer Maravilla	15
Capítulo 2: Ata las mentiras con la verdad	29
Capítulo 3: Vuélvete a prueba de balas	47
Capítulo 4: Con las botas en tierra	77
Capítulo 5: Toma tu escudo	101
Capítulo 6: Una reina en entrenamiento	119
Capítulo 7: La asesina de dioses	139
Conclusión: ¿Responderás al llamado?	161
Recursos recomendados	164
Sobre de la autora	165
Notas	166

Agradecimientos

Sería muy injusta si no expresara mi agradecimiento a quienes han impregnado mi vida, me han tocado el corazón y, de alguna manera, han sido la motivación para escribir este libro. ¡Serían demasiados nombres para mencionarlos todos, pero cada uno de ustedes sabe lo importante que es para mí!

A mi hermana Yvonne, que ha sido un ejemplo de valentía y fortaleza en el fragor de la batalla. Te quiero mucho. ¡Muá!

A la única familia que conozco y que tengo, la familia Merced, no importa lo que suceda entre nosotros, siempre existirá amor.

A mi familia espiritual, la Iglesia de Lake Mary (Lake Mary Church) y el Ministerio mundial de Every Nation: los amo y me siento muy agradecida de pertenecer a un cuerpo de creyentes tan hermoso.

A mis «amigas del alma», que son demasiadas para nombrarlas, pero que me levantaron y me apoyaron cuando más lo necesité. Ustedes son mis mujeres guerreras, a las que sé que siempre puedo llamar. ¡Gracias! ¡Besos!

Un agradecimiento especial a Lisa McClure, por invertir sus talentos en crear el diseño de la portada.

A mi amigo y hermano en Cristo, Ernesto Gimenez, agradezco su talento en traducir el libro con mucho amor. Que Dios te bendiga ricamente.

A Isabel Liu, no podría agradecerle lo suficiente por diseñar mi página web y emplear sus habilidades profesionales para ayudarme a crear una plataforma como autora.

Y a mi Señor y Salvador. Gracias por creer en mí y confiarme este mensaje.

«Vestíos de toda la armadura de Dios, para que podáis estar firmes contra las asechanzas del diablo.

Porque no tenemos lucha contra sangre y carne, sino contra principados, contra potestades, contra los gobernadores de las tinieblas de este siglo, contra huestes espirituales de maldad en las regiones celestes».
—Efesios 6:11–12

Introducción

¡Es hora de alistarse!

¿Recuerdas el cuento para niños de Hans Christian Andersen, *El traje nuevo del Emperador*? Si eres un milénial, seguramente recordarás la película animada de Disney™ con el mismo nombre. Ambos tienen más o menos la misma trama: un gobernante egoísta y vanidoso que prefiere cerrar sus ojos a la realidad que lo rodea, hasta que alguien le hace ver que nada era lo que parecía ser.

De alguna manera, todos nos parecemos un poco a ese gobernante despistado. Nos vestimos con la intención de lucir lo mejor posible, bien sea mediante una sonrisa o una máscara para que nadie pueda ver quiénes somos realmente. Intentamos escondernos detrás de una mentira, ya que tememos ser rechazados cuando la gente descubra quiénes somos en verdad. Esa tendencia a ocultar nuestras debilidades en lugar de identificarlas fue uno de los principales catalizadores que me llevó a escribir este libro.

Siempre me fascinó el personaje de La Mujer Maravilla, tal vez porque ella encarnaba todo lo que quería llegar a ser algún día. Era fuerte, independiente, defensora de los desvalidos. Luchaba con todo lo que tenía a su disposición para salvar al mundo, ¡y siempre lucía impecable mientras lo hacía!

Yo también quería ser así; hacerlo todo, ser todo lo que mis amigos y familiares necesitaban que fuera. Pero nunca llenaba totalmente las expectativas, me quedaba corta. Hasta que un día analicé, que *ni siquiera la Mujer Maravilla era totalmente superheroína. Ella era una semidiosa y, por lo tanto, tenía una parte humana. Y como humana debía tener algunas debilidades. Pero, ¿cuáles eran?*

Al igual que la Mujer Maravilla, muchas mujeres pasan toda la vida usando una capa de superheroínas, rescatando amigos y familiares, e intentando equilibrar y satisfacer todas las demandas que acarrea la vida diaria. Pero la realidad es que somos humanas. Y los humanos tenemos defectos y debilidades. Después de todo, nadie es perfecto.

Como cristianas, tendemos a olvidar que tenemos disponibles armas poderosas que nos confieren habilidades sobrenaturales que deberíamos aprovechar. Esas armas nos permiten pelear las batallas que enfrentamos a diario, tanto en el mundo natural como en el reino espiritual.

Sin embargo, en lugar de equiparnos con esas armas, seguimos haciendo malabarismos con la vida, pensando que podemos resolver todo, lograr todo y dar todo por los que amamos. Pero cuando atravesamos por momentos desafiantes, esos que tarde o temprano siempre llegan, nuestra aparente mentalidad invencible nos hace más vulnerables a los ataques, porque simplemente somos humanas.

Cuando las situaciones no resultan como esperamos, los resultados pueden hacernos sentir derrotadas y sin esperanza. Necesitamos dejar nuestras propias armas, y comenzar a usar la armadura que Dios nos dio. Solo así, podremos recuperar las fuerzas para luchar valientemente por nuestros seres queridos y descubrir todo lo que Dios quiere que logremos en esta vida (ver 2 Samuel 10:12).

Alístate para la batalla

Durante muchos años intenté hacer todo por mí misma. Pensaba que si enfrentaba la vida de cierta manera, todo resultaría como lo esperaba. Fue allí donde mi intento de vivir por mí misma comenzó a fallar. Estaba tratando de solucionar los problemas basándome únicamente en mis propios conocimientos. Me estaba empeñando en tareas que sobrepasan los límites de mi capacidad humana: arreglar a los demás o tratar de rescatarlos, pero ese no se supone que es mi trabajo. Estaba concentrada en «mantenerlo todo unido», pero en realidad todo a mi alrededor se estaba desmoronando.

Había perdido la esperanza y la paz, y me sentía fracasada. Entonces, me asaltó un pensamiento muy claro: la razón por la que las cosas estaban mal y parecían desmoronarse, era porque había demasiado *Yo* en la mezcla. Aunque profesaba ser cristiana, no había aprendido a activar mi fe; no confiaba en que Dios podía ayudarme a superar las situaciones difíciles de la vida. No me estaba alistando adecuadamente para salir a enfrentar las batallas de la vida. Estaba confiando demasiado en el poder de una trinidad falible: yo, yo, y otra vez yo.

Pero poco a poco, Dios fue trabajando en mi corazón y en mi mente. Me enseñó a alistarme adecuadamente con su armadura para hacer frente a las luchas cotidianas, y a empuñar las armas espirituales que me ofrecía gratuitamente.

A través de mi experiencia personal, Dios me mostró la necesidad que tenemos, como hijas suyas, de aprender a alistarnos adecuadamente. El impulso de escribir este libro era tan fuerte, que comencé a anotar todas las ideas a medida que me iban llegando. Pero el temor a lo desconocido y a lo que la gente pudiera pensar, me llevó a posponer su escritura durante casi cinco años.

Introducción: ¡Es hora de alistarse!

A lo largo de mi carrera editorial, he supervisado, editado y revisado muchos manuscritos, pero permití que el miedo me impidiera escribir mi propio libro. No volví a retomar la idea de hacerlo, hasta que una amiga muy querida me envió un día el siguiente mensaje de texto:

> «Hace unos días, Dios me pidió que te dijera que comenzaras a escribir algo que él te pidió que escribieras hace mucho tiempo. Eso es lo que él quiere que hagas... es su encomienda para ti».

Guardé ese mensaje en mi celular. Lo llevo siempre conmigo, como un recordatorio de que Dios me ama tanto, que envió a alguien que no sabía *nada* de lo que estaba ocurriendo en mi corazón, para animarme a continuar el trabajo que él me había asignado.

Cuando emprendí la aventura de escribir este libro, nunca pensé que reviviría nuevamente todo lo que había hecho, ni que las experiencias de mi vida servirían como base para el mensaje inspirador que espero encuentres en estas páginas. Me siento muy lejos de ser una erudita, no soy pastora ordenada, teóloga o conferencista popular. Soy solo un ser humano. Tengo defectos como todos los demás. Escribir este libro me sacó de mi comodidad habitual, porque intenté ser transparente y compartir honestamente muchas lecciones que he aprendido, con la esperanza de que contribuyan a fortalecer tu fe y te inspiren a continuar avanzando hacia el propósito que Dios tiene para ti.

Pero, por favor, no vayas a malinterpretar mis consejos: tengo muy claro que aún no he «llegado a la meta», ni me siento superior a nadie. Si alguien pretende hacerte inferior, esa persona es una... mejor no digo qué. El desarrollo espiritual es un proceso abierto, progresivo e interminable: todo el tiempo seguimos aprendiendo, avanzando y creciendo.

Por alguna razón este libro llegó a tus manos, ¡y me alegro por ello! Mi oración es que a medida que lees sus páginas, aprendas cómo alistarte correctamente para las batallas internas que enfrentas regularmente; y a manejar las armas espirituales que están disponibles para las hijas del Rey.

Algunas personas hablan de karmas buenos y malos, del ying y el yang, de las vibraciones positivas o negativas. Yo prefiero considerar esas fuerzas como los componentes de una guerra espiritual, y para ganar esas batallas se requiere el uso de armas especializadas. La Biblia dice:

> «Aunque vivimos en el mundo, no libramos batallas como lo hace el mundo. Las armas con que luchamos no son del mundo, sino que tienen el poder divino para derribar fortalezas.

Introducción: ¡Es hora de alistarse!

> Destruimos argumentos y toda altivez que se levanta contra el conocimiento de Dios, y llevamos cautivo todo pensamiento para que se someta a Cristo».
>
> —2 Corintios 10:3–5, NVI

Lee detenidamente los versículos 3 y 4: vivimos en este mundo, pero no libramos la guerra de la misma manera. Nuestras armas no son de este mundo, sino que tienen el poder divino para derribar fortalezas. La palabra griega traducida como «derribar» en este pasaje, es *kathairesis*, que significa *demoler, destruir* o *arrasar*.[1] ¡Definitivamente, necesitas vestirte en forma apropiada para la batalla, para que puedas demoler el poder del enemigo! Es hora de destruir las armas del mundo actual que intenta destruirte, y poseer todo lo que Dios te ha prometido: vida, paz, alegría, y muchas otras de sus ricas bendiciones.

El plan para la guerra de la información

Las tácticas militares modernas incluyen una estrategia llamada guerra de la información, que se define como «cualquier acción dirigida a anular, neutralizar, contrarrestar o destruir la información del enemigo y sus funciones; para protegernos de sus acciones y aprovechar nuestras propias funciones de información militar».[2] A medida que descubrimos cómo prepararnos adecuadamente para las batallas que enfrentaremos, también debemos aprender a bloquear las líneas de comunicación del enemigo con nuestra mente y corazón.

Por eso, al final de cada capítulo encontrarás un Plan para la guerra de la información, que incluye versículos de las Escrituras para estudiar diariamente y profundizar en el arma de cada capítulo. Cuando leemos la Palabra de Dios, esta se convierte en un arma poderosa para combatir el plan engañoso del enemigo. La oración es otra arma imprescindible en nuestro arsenal, porque cuando declaramos la Palabra de Dios en voz alta a través de la oración, nuestra fe se activa, y a la vez se debilita la estrategia de comunicación del enemigo.

Te recomiendo dedicar tiempo para asimilar la información de cada capítulo. Los pasajes de las Escrituras que se sugieren al final, son versículos elegidos cuidadosamente para que medites en la Palabra de Dios durante una semana. En lugar de pretender leer el libro de una vez, tómate tu tiempo. Todos los días, lee la Escritura recomendada, medita en ella, ora por ella y escribe notas sobre lo que Dios le hable a tu corazón. Luego, cuando hayas estudiado todos los versículos, avanza hacia el siguiente capítulo.

Introducción: ¡Es hora de alistarse!

Aunque no presento modelos de oración en este libro, la oración es fundamental para obtener la victoria. La oración no es algo que debamos limitar a un día a la semana en la iglesia, ni una vez al día cuando nos levantamos en la mañana. Deberíamos orar todo el día, todos los días. La oración no consiste únicamente en arrodillarse durante horas. Hay muchas otras maneras de orar. Por ejemplo, puedes orar mientras conduces (por supuesto, ¡con los ojos abiertos!). También puedes realizar «oraciones tipo bala», es decir, oraciones rápidas y específicas apenas el Espíritu Santo te muestre algo o alguien por quien orar. No importa la manera en que ores, lo importante es que lo hagas. Hay poder en la oración silenciosa y en la que se eleva en voz alta. Más adelante en este libro, encontrarás mucho más sobre la oración.

Por ahora, sumerjámonos en el arsenal de la Mujer Maravilla y descubramos algunos de sus puntos débiles, así como las poderosas armas espirituales que están a nuestra disposición.

Por lo tanto, pónganse todas las piezas de la armadura de Dios para poder resistir al enemigo en el tiempo del mal. Así, después de la batalla, todavía seguirán de pie, firmes.
—Efesios 6:13, NTV

Capítulo 1

La fuerza no siempre se parece a la Mujer Maravilla

Durante mi infancia, en la década de 1970, los superhéroes eran tan populares como lo son hoy en día. Recuerdo haber visto en la televisión los programas de Batman, Batichica, Superman y Hulk, el hombre increíble, pero como mencioné anteriormente, mi favorita era la Mujer Maravilla: una princesa guerrera de las Amazonas, hija de Zeus, bendecida con increíbles habilidades sobrehumanas.

En la serie transmitida por televisión y protagonizada por Lynda Carter en el papel de Diana Prince/ la Mujer Maravilla, se exhibían maravillosamente sus poderes. Carter giraba para transformarse en la Mujer Maravilla, y combatía a los malos sin ayuda de nadie,

¡sin siquiera despeinarse y con sus botas gogó intactas! Me encantaba.

Recuerdo cuando yo llegaba de la escuela, me sentaba en la alfombra mullida del sótano de nuestra casa frente al televisor a color marca Zenith, para ver a Diana Prince volar en su avión invisible para salvar al mundo. ¡Bam! ¡Wham! ¡Pow!, la Mujer Maravilla siempre atrapaba al criminal. Pero lo más impresionante de ella no eran sus superpoderes, sino su amor por las personas que defendía. Era recia cuando necesitaba serlo, pero tenía un corazón noble y amoroso. Yo quería ser como ella cuando creciera.

A menudo, los niños (y algunos adultos) viven en un mundo de fantasía, especialmente cuando se trata de superhéroes. Piensan que su héroe favorito nunca fracasa, por la sencilla razón de ser un superhéroe. Los niños no racionalizan que ellos, por lo general, tienen una parte humana y, por lo tanto, ciertas debilidades que sus archienemigos se encargan de descubrir y aprovechar. Por ejemplo, para Superman era la criptonita. Yo nunca me detuve a pensar en las debilidades de la Mujer Maravilla, hasta que Dios me dio la idea de escribir este libro.

En la historieta de DC Comics™, La Mujer Maravilla es una semidiosa con poderes sobrehumanos y armas sobrenaturales que le fueron otorgados por los dioses para librar sus batallas. Sus archienemigos saben que si logran identificar sus puntos débiles, podrán usar sus propias armas y su fuerza para atacarla donde es más vulnerable.

Por supuesto, tú y yo no somos superheroínas, pero con demasiada frecuencia confiamos en nuestras propias capacidades para enfrentar las luchas de la vida. Lamentablemente, nuestras fuerzas siempre flaquean en el fragor de la batalla. Sin embargo, tenemos un Padre celestial que nos ha dado todo lo que necesitamos para triunfar. Solo tenemos que vestirnos y aprender a hacer uso de las armas que él nos ofrece para enfrentar a nuestro enemigo en la batalla.

> «Cuando alguien te diga que no puedes, voltea y dile: "Obsérvame"».
> —Anónimo

Me estoy refiriendo a una batalla espiritual. Si queremos tener una vida a prueba de tormentas (no libre de ellas), necesitamos equiparnos.

Los puntos débiles de la Mujer Maravilla

Utilizaré algunos de los puntos débiles de la Mujer Maravilla como analogías de las capacidades humanas y los contrastaré con las armas que Dios nos dio. Presentaré ante ti la verdad de la Palabra de Dios, sus enseñanzas sobre el poder que se encuentra a nuestra disposición para que podamos disfrutar de una vida a prueba de tormentas (Ecl. 12:10).

Al investigar sobre las debilidades de la Mujer Maravilla, descubrí una fuente que describe quince de ellas.[1] (¡Quién lo habría imaginado!) Para los efectos de la analogía, en esta sección describo seis de sus armas, mientras que en la siguiente sección presento nuestras armas, esas que Dios nos dio y que se mencionan en Efesios 6.

Arma	Cómo puede ser usado en su contra
Lazo de la Verdad	Aunque es conocido principalmente por su capacidad para forzar a las personas a decir la verdad, también se usa para atrapar a enemigos con distintos niveles de fuerza. Básicamente, se trata de un arma divina a la que la misma Mujer Maravilla no es inmune. Algunos suponen que el lazo tiene que ver con las propias emociones y deseos de Diana y, por lo tanto, sería imposible que ella quedara atrapada por él; pero por alguna razón a lo largo de los años… ella ha caído víctima del lazo. Sin embargo, la verdad que se obtuvo de ella no representó un gran logro para sus enemigos.

Brazaletes de Sumisión[2]	Los brazaletes en realidad actúan como reguladores de poder. Básicamente, su función es mantener los poderes de Diana a un nivel manejable. Ella es increíblemente poderosa, tiene súper velocidad, puede volar, y además tiene habilidades tácticas, porque fue entrenada por guerreras amazonas. Sin los brazaletes, su poder se desplegaría en forma exorbitante. Esto significa que uno de los principales accesorios de su vestimenta, en realidad le impide desarrollar todo su potencial.
Escudo	No hay fundamento conocido para suponer que su escudo pudiera ser utilizado como un arma en su contra.
Armas Punzantes (Lanza, flecha)	Las armas antiguas, como lanzas y flechas, son muy utilizadas en el Amazonas, y aprender a manejarlas es indispensable para todo el que pretenda convertirse en un verdadero guerrero amazónico. Por eso, ambas se incluyen en el entrenamiento de la Mujer Maravilla. Sin embargo, en varias ocasiones a lo largo de la serie, la vimos sangrar, porque ella no es completamente inmortal, de hecho, su lado humano puede resultar herido.

Tiara	Su corona amazónica, la Tiara de Temiscira, se usa como un búmeran para herir y frenar a los enemigos. Como la mayoría de sus armas sobrenaturales, si se destruye (en este caso, se funde), ella pierde sus habilidades mentales sobrenaturales.
Espada asesina de dioses	Es una de las armas más temibles de todas las que aparecen en los DC Comics™. Entre sus muchos poderes está la habilidad de someter a sus víctimas. En una oportunidad, Némesis [una diosa acusada de matar a quienes cometen asesinatos injustos] usa el verdadero potencial de la espada y absorbe para sí los poderes de Diana. Finalmente, ella recupera su fuerza y derrota a Némesis empuñando la espada contra ella.

La armadura de Dios es nuestra fuerza

Como mujeres, nos toca ponernos muchos sombreros diferentes. En el trabajo, sobrellevamos factores estresantes, debemos alcanzar metas y satisfacer las políticas de la empresa, además de estar sobrecargadas de responsabilidades. En casa, cuidamos a los miembros de la familia: nuestro cónyuge, nuestros hijos, nuestros padres ya mayores o familiares que necesitan de nuestro apoyo. También debemos comprar comestibles, cocinar, limpiar, pagar facturas, lavar ropa, y la lista continúa. En la comunidad, podemos tener compromisos con nuestra iglesia local, organizaciones sin fines de lucro o nos involucramos en actividades extracurriculares.

¡Solo leerlo ya agota!

Por todo eso, es importante que aprendamos a caminar diariamente con las fuerzas que Dios nos dio. Intentar caminar con nuestra propia fuerza, que no ha sido pasada por el fuego y cuyo temple no ha sido probado, nos hace vulnerables a los ataques y expone nuestras debilidades, como le sucede en algunas ocasiones a mi superheroína, la Mujer Maravilla.

La Biblia nos aconseja cuidarnos de las flechas encendidas del maligno. También nos dice: «Porque las armas de nuestra milicia no son carnales, sino poderosas en Dios para la destrucción de fortalezas, derribando argumentos y toda altivez que se levanta contra el conocimiento de Dios, y llevando cautivo todo pensamiento a la obediencia a Cristo» (2 Cor. 10:4–5).

Cada capítulo de este libro te mostrará cómo alistarte para la batalla con la armadura invisible de Dios. Se trata de un atuendo de seis piezas que se describen en la siguiente tabla.

Arma	Su propósito
Cinturón de la verdad	Sujeta todo y lo mantiene en su lugar. Indica que necesitamos estar cimentadas en la verdad de la Palabra de Dios.
Coraza de justicia	Protege nuestro corazón, es el asiento de nuestras emociones. Nos recuerda que debemos procurar la justicia de Dios para evitar el pecado.
Calzado de la paz	Nos permite «estar listas» para luchar por la verdad que defendemos. También nos ayuda a estar preparadas para compartir la Palabra de Dios con otros.
Escudo de la fe	Bloquea las flechas encendidas del enemigo, esas que utiliza para atacar nuestra mente. Indica que solo la fe sólida en Dios nos mantiene firmes en medio de la batalla.

Casco de la salvación	¡Sin cabeza, estamos muertas! Y sin salvación, no hay vida en el Espíritu.
Espada del Espíritu: la palabra de Dios	a) Es la única arma ofensiva en esta lista. Nos recuerda que debemos basarnos en la Palabra de Dios para luchar contra la tentación y los ataques espirituales. b) Una vez que leemos la Palabra y la digerimos en nuestro espíritu, debemos verbalizarla en oración, para que se active a través de nuestra profesión de fe.

Este libro está basado por completo en el siguiente pasaje de Efesios 6:

> «Finalmente, confíen en el gran poder del Señor para fortalecerse. Protéjanse contra los engaños del diablo con toda la armadura que les da Dios. Nuestra lucha no es contra seres humanos, sino contra gobernantes, contra autoridades, contra poderes

de este mundo oscuro y contra fuerzas espirituales malignas del cielo. Por esa razón, vístanse con toda la armadura de Dios. Así soportarán con firmeza cuando llegue el día del ataque de Satanás y después de haber luchado mucho todavía podrán resistir. Entonces manténganse firmes, pónganse el cinturón de la verdad y protéjanse con la coraza de la justicia. Prepárense poniéndose el calzado de anunciar las buenas noticias de la paz. Pero sobre todo, tomen el escudo de la fe para detener las flechas encendidas del maligno. Utilicen la salvación como casco protector. Tomen la espada del Espíritu, que es la Palabra de Dios. Oren y pidan siempre con la ayuda del Espíritu. Manténganse alerta y no dejen de orar por todo el pueblo santo».

—Efesios 6:10–18 (PDT)

Si regresas y lees la primera mitad del capítulo, verás que el apóstol Pablo describió la responsabilidad que tenemos en todas nuestras relaciones interpersonales: con nuestros padres, nuestros hijos, e incluso nuestros empleados o empleadores. Luego, en el versículo 10, dice: «Finalmente, confíen en el gran poder del Señor para fortalecerse».

Necesitamos aprender a manejar con equilibrio todas nuestras relaciones, porque cada persona ingresa a nuestra vida por una razón. Nadie llega por casualidad. Nuestro mundo se entrelaza con el de los demás con un propósito. Hay algo que solo tú puedes ofrecer y que otros necesitan experimentar. A través de nuestros dones y talentos, podemos vivir una vida que hable de Dios en voz alta.

Vivir confiando y dependiendo de nuestro propio conocimiento y fortaleza, puede ser agotador desde el punto de vista emocional, físico, financiero y espiritual. Por eso, el apóstol Pablo exhorta a los efesios diciendo: Finalmente, confíen en la fortaleza que da el Señor. Es difícil mantener el equilibrio entre el trabajo y la vida cuando no contamos con la fuerza de Dios, ni tenemos la preparación adecuada para las batallas que nos tocará enfrentar a diario. Si continuamos operando con nuestra propia fuerza y nuestro propio conocimiento, tarde o temprano caeremos. Ten en cuenta que dije caer, no fallar, porque como humanos, todos fallamos en algún momento (ver Rom. 3:23).

Plan para la guerra de la información

Mientras estudias las porciones de las Escrituras sugeridas para esta semana, piensa en lo que significa para ti cada pieza de la armadura. Escribe lo que el Espíritu Santo te revele durante este tiempo de silencio y meditación.

Versículos bíblicos recomendados para cada día:

- Día 1: Efesios 6:10–11
- Día 2: Efesios 6:12
- Día 3: Efesios 6:13
- Día 4: Efesios 6:14
- Día 5: Efesios 6:15
- Día 6: Efesios 6:16–17
- Día 7: Efesios 6:18

«Manténganse firmes, ceñidos con el cinturón de la verdad».
—Efesios 6:14, NVI

Capítulo 2

Ata las mentiras con la verdad

El Lazo de la Verdad es probablemente el arma más impresionante de la Mujer Maravilla. Cualquiera que sea enlazado por él, está obligado a obedecer a quien lo porta y a decir la verdad. En la película de 2017, hay una escena en la que el piloto estadounidense Steve Trevor llega a Temiscira durante la Segunda Guerra Mundial y es llevado ante Hipólita, reina de las amazonas y madre de Diana para ser interrogado. El lazo dorado se hace cada vez más brillante, a medida que Steve miente o dice verdades a medias. Finalmente, logran hacerlo confesar que el ejército alemán está cerca, lo que representa un grave peligro para ellas. En algunos capítulos de la serie, incluso la misma Mujer Maravilla se ve obligada a someterse al poder del lazo, aunque no durante mucho tiempo.[1]

Me parece razonable que la primera pieza de la armadura espiritual que se enumera en Efesios 6 sea el cinturón de la verdad. Juan 14:6 nos recuerda que Jesús es «el camino, y la verdad, y la vida». En la época de los romanos, el cinturón desempeñaba un papel fundamental en la efectividad de la armadura de un soldado, ya que con él sujetaba su espada. Sin el cinturón, el soldado estaría en riesgo de perder su arma más importante. En los creyentes, el cinturón de la verdad sostiene la espada del Espíritu; así se mantienen unidas la verdad y la Palabra de Dios (Juan 17:17). Sin el conocimiento de la verdad, podemos ser engañados fácilmente (Efe. 4:14). Y precisamente el engaño es la principal arma que utiliza el enemigo para contrarrestar el poder del cinturón de la verdad.

Dios desea que la verdad, la sinceridad, domine hasta lo más intimo de nuestra vida (Sal. 51:6). Cuando actuamos con un corazón sincero, caminando en verdad e integridad, nos mantenemos firmes. Muchos de los que carecen de una relación con Dios, que no lo siguen, estarán pendientes de todo lo que los cristianos hacemos mal, porque saben que estamos sujetos a normas de vida elevadas. Entonces, ¿ser cristiano significa que no podemos caer, que no cometemos errores, o que nunca tropezamos en nuestro caminar en la verdad? De ningún modo, porque somos humanos. No somos infalibles o invencibles como los superhéroes de los cómics, pero podemos hacer un esfuerzo diario para caminar en verdad e integridad. Hacer lo correcto, incluso cuando nadie nos ve, eso es integridad. Con cada paso que damos en el camino de la verdad, fortalecemos nuestra determinación de hacer lo correcto. Y al hacerlo, quedamos fuera del alcance de los ataques del enemigo.

La opinión que los demás tienen de ti *no* es la realidad

Como mujeres, a menudo confundimos la percepción que los demás tienen de nosotras con la realidad, como si su opinión fuera una verdad irrefutable. Ese tipo de mentiras pueden ser perjudiciales para nuestra autoestima y confianza propia, además de que distorsionan la verdad sobre nuestra identidad real.

En cierta ocasión, asistí a un evento sobre redes sociales, en el que conocí a una joven muy inteligente que estudiaba medicina. Sostuvimos una pequeña charla, como suele suceder en este tipo de actividades, pero nuestra conversación se volvió más profunda cuando comencé a compartir la visión que presento en este libro. Cuando le expliqué cómo se me ocurrió la idea, quedó fascinada. Me comentó que se identificada con el mensaje, no solo como una joven que buscaba avanzar en su carrera, sino también porque sentía que podía ser de ayuda para su hermana menor que cursaba la escuela primaria.

A medida que conversábamos, me confió su preocupación por la salud mental de su hermana. Se comparaba constantemente con los demás, y la presión de estar a su altura había hecho mella en ella, llevándola a un estado de fragilidad mental. Me conmovió el grito desesperado de la joven por encontrar algo que ayudara a su hermana a entender la verdad de que no necesitaba compararse con ninguna de las chicas de su escuela. Ella era una niña hermosa, con toda una vida por delante.

Aproveché para compartir con ella la verdad sobre la percepción que los demás tienen de nosotros. Su percepción no es la realidad, es simplemente su percepción, ¡y no estamos obligados a comprarla! Cada persona ha sido creada con un propósito único que solo ella puede cumplir.

La fuente de la verdad es Jesucristo porque él *es la verdad*. Jesús dijo: «Yo soy el camino, y *la verdad* y la vida. Nadie viene al Padre sino por mí» (Juan 14:6, énfasis añadido). Cuando conoces a Jesús a un nivel personal, comienzas a entender que él es la verdad que te libera de los grilletes del pecado y de las cargas que este mundo acumula sobre tus hombros.

> **«Y conoceréis la verdad, y la verdad os hará libres».**
> **—Juan 8:32**

En la vida he aprendido que, según la dirección que tome nuestra relación con Cristo, así será nuestra percepción de la verdad. Por ejemplo, durante un tiempo en que me alejé de él, mi percepción de la verdad se distorsionó por lo que dictaban las circunstancias que tuve que enfrentar. Luego, con cada paso que decidí dar hacia una relación más cercana con Cristo, comenzó a surgir una percepción más precisa de quién era realmente. Entendí que soy profundamente amada por Dios, hermosa ante sus ojos, y única.

Al acercarme a Jesucristo, la verdad viviente, el deseo de compararme con los demás se desvaneció, porque la percepción que tenía de mí misma cambió. Comprendí que fui diseñada en forma única y maravillosa para ser quien soy, ¡y que Dios me ama tal como soy!

Hay un ataque directo a la estabilidad emocional, mental y espiritual de las niñas en la escuela intermedia y secundaria, que continúa hasta la universidad. Muchas niñas y mujeres jóvenes se sienten presionadas por la sociedad y las redes sociales a lucir y actuar de cierta manera o alcanzar un determinado estatus social. ¿Por qué ocurre eso? Porque son víctimas del ataque de un enemigo llamado *comparación.*

Muchas mujeres, tanto jóvenes como adultas, se creen las mentiras que la comparación susurra en sus oídos, en lugar de aceptar la verdad de aquello para lo cual el Creador las hizo. Como madre de una joven que atraviesa por esta edad crucial, nunca imaginé cuán intensamente tendría que luchar ella a diario contra los fuertes ataques a su autoestima y bienestar emocional. Incluso, contando con el amor, el apoyo y la guía espiritual de su familia, todavía ha sido difícil. La mayoría de las niñas, especialmente en edad escolar, deben enfrentar un período de intensa comparación con sus pares. Se preguntan cosas como: «¿Por qué el cabello de ellas es liso y sedoso y el mío es rizado? ¿Por qué se están desarrollando más rápido que yo? ¿Por qué si comen tanto, lucen tan delgadas? ¿Por qué esas chicas son tan malas conmigo? Me siento tan fea. Ojalá fuera más (rellena el espacio en blanco)».

En la mayoría de las niñas, estas comparaciones surgen de su necesidad de pertenecer a un grupo, de ser populares, de sentirse atractivas para los niños. ¡El alboroto de las hormonas! Pero la comparación es enemiga de la felicidad

La comparación es enemiga de la felicidad.

Los efectos de la comparación en la vida de una joven de mi comunidad, se hicieron sentir de una manera dolorosa. La chica, que asistía a la escuela secundaria, estaba pasando por momentos difíciles. Por razones que desconozco, su madre no vivía con ella, sino solo su padre. Como eran extranjeros, constantemente debían enfrentar prejuicios raciales. Aunque la chica era hermosa y de aspecto exótico, ella solo veía sus defectos. Pronto, se presentaron problemas con hombres y sufrió acoso a través de las redes sociales. Lamentablemente, optó por ponerle fin a su vida. Nuestros pastores dirigieron en el auditorio de la escuela una actividad para «celebrar su vida», a la que asistieron muchos jóvenes, adultos, compañeros de clase, maestros, trabajadores comunitarios y gente que no la conocía en absoluto, como yo.

Recuerdo haber estado sentada en la última fila del repleto auditorio, escuchando cómo todos compartían las cosas maravillosas que la joven hacía: cómo había tocado la vida de muchos su personalidad, su amor por la música, su talento para el dibujo. En realidad, era una joven llena de virtudes; tanto así, que hasta personas desconocidas vinieron a mostrar apoyo y presentar sus respetos. Lloré, al punto de que el maquillaje corrió por mi cara.

La compasión que sentí en ese momento por su padre y sus seres queridos hizo que me doliera el corazón. Pensar que era una joven valiosa y amada que se dejó atrapar por las mentiras de su enemigo, la *comparación*, en lugar de creer en la verdad. Tocó a tantas personas en el poco tiempo que estuvo aquí en la tierra, y nunca sabrá el vacío que dejó en los corazones de quienes la conocieron. Lamentablemente, le faltaron fuerzas para sobreponerse a las dificultades del momento y reconocer todo el potencial que había dentro de ella.

La verdad de que tus enemigos son invisibles

Otra mentira que debemos atar o vencer con la verdad es que los demás no son nuestros enemigos; el verdadero enemigo no es de este mundo. En la película *El profesor chiflado 2*, hay una escena en la que la abuela y el padre del profesor Klump comienzan a discutir en la iglesia. En un momento acalorado, la abuela se vuelve hacia el padre del profesor y le dice: «¡Me provoca ahorcarte justo aquí delante de Jesús!» ¡Es una escena muy graciosa! Pero sinceramente, ¿quién no se ha sentido así con alguien en algún momento de la vida? Este no es exactamente un buen ejemplo de carácter cristiano, pero por nuestra naturaleza humana a veces nos exasperamos tanto con alguien que perdemos de vista la verdad.

Lo cierto es que aquellos que parecen arremeter constantemente contra nosotros no son nuestros verdaderos enemigos. Tenemos un enemigo invisible que tiene un vasto ejército de demonios con rango, pero de poderes limitados. Los creyentes carismáticos tienen un dicho: «Nuevos niveles, nuevos demonios». No tengo muy claro de dónde proviene esa frase, pero lo cierto es que destaca la presencia de influencias demoníacas en diferentes niveles del ámbito espiritual. Según Efesios 6:12, hay «gobernantes», «autoridades», «poderes» y «fuerzas espirituales». Te animo a leer el capítulo 10 del libro de Daniel. Mientras Daniel ayunaba y oraba, un ángel del cielo fue enviado en su ayuda, pero fue obstaculizado por «el príncipe del reino persa» (vers. 13). ¡Y quién, sino el arcángel Miguel, podría enfrentar y derrotar a ese malvado príncipe! (vers. 14).

Sin duda, nuestras conversaciones y decisiones tienen lugar en el ámbito físico, pero sus consecuencias impactan el reino espiritual. Hasta que entendemos la verdad de que nuestro enemigo no es una persona física sino un ser espiritual, continuaremos buscando soluciones físicas para resolver los problemas espirituales que se manifiestan en nuestra vida física.

Hasta que entendamos la verdad de que nuestro enemigo no es una persona física sino un ser espiritual, continuaremos buscando soluciones físicas para resolver los problemas espirituales que se manifiestan en nuestra vida física.

En lo personal, me he dado cuenta de que las batallas más grandes se presentan cuando: (1) bajo la guardia espiritual; (2) no me enfoco en la Palabra de Dios y la oración; (3) dejo de conectarme con mi familia de la iglesia; (4) estoy física y/o emocionalmente exhausta.

Nuestra lucha no es contra nuestro prójimo, cónyuge, compañero de trabajo, hijo; ni siquiera contra nuestras propias propensiones o debilidades carnales (ver Efe. 6:12). Las personas son simples instrumentos para la batalla espiritual que tiene lugar en otro reino: el de los cielos. Los «cielos» representan el reino espiritual.

A medida que avanzamos en nuestro caminar diario de fe, vamos descubriendo que las personas no son el enemigo. Nuestra tarea es ver más allá de sus acciones y pedirle a Dios que nos guíe para discernir la situación desde una perspectiva espiritual.

La verdad y sus consecuencias

Cuando era niña, solía mentirle todo el tiempo a mi madre evitar que me castigara. Sin embargo, mamá tenía mucha sabiduría y no estaba dispuesta a permitir que me saliera con las mías. Recuerdo que una vez intenté mentirle sobre algo. Ella se dio cuenta de La situación (tal vez reflejaba culpabilidad en la cara) y dijo: «Siempre puedo saber cuándo mientes, porque un ojo se te pone verde y el otro marrón claro». Mamá no necesitaba el icónico lazo dorado de la Mujer Maravilla para obligarme a decir la verdad. Sabía exactamente cómo lograrlo, aunque yo nunca entendí cómo lo hacía.

La próxima vez que le mentí, la confronté con la pregunta: «Muy bien, ¿de qué color son mis ojos ahora?». Se rio a carcajadas. Hasta ahora no entiendo por qué mi pregunta le pareció tan divertida. ¡Ah, los recuerdos de la infancia!

De niña evitaba la verdad, pero de adulta he aprendido que la verdad es una de las piezas más importantes de nuestra armadura espiritual. Ciertamente, no poseemos un lazo de la verdad con el que podamos obligar a los demás, pero en lo personal podemos decidir libremente aferrarnos a la verdad.

Dios no siempre nos protege de las decisiones equivocadas. Nuestras elecciones, buenas o malas, correctas o incorrectas, son nuestras. Algunos podrían argumentar: «Bueno, si él es un Dios tan amoroso, ¿por qué no impide que hagamos cosas malas o que tomemos malas decisiones?». La respuesta es sencilla: Dios nos hizo libres, no es su intención manipularnos como marionetas.

Recuerdo una sana discusión que sostuve con un amigo sobre este tema. Sus primeras experiencias de fe, vividas en la iglesia católica durante su infancia, lo habían dejado profundamente resentido ante la imagen de un Dios vengativo. Durante la conversación me preguntó: «Si Dios es tan bueno como dices, entonces por qué hay tanta maldad en el mundo y por qué le ocurren cosas malas a personas inocentes ¿Por qué Dios lo permite?

Lo miré directamente a los ojos y le pregunté:

—¿Amas a tus hijos?

—¡Por supuesto! —respondió con mirada perpleja.

—¿Quieres lo mejor para ellos?

—Claro, ¡definitivamente! —dijo nuevamente perplejo por mi pregunta y un poco fastidiado.

—Sí vieras a tus hijos seguir un camino equivocado o tomar malas decisiones, ¿los manipularías para que tomaran mejores decisiones o siguieran un camino con menos obstáculos? —le dije.

Pensó y respondió:

—Por mucho que me doliera verlos cometer errores, nunca los manipularía.

Entonces le dije:

—Así como a ti no te parece bien manipular a tus hijos para que tomen las decisiones correctas y evitarles sufrir consecuencias negativas, Dios tampoco nos manipula ni interfiere en las decisiones que tomamos.

Cualquier padre está en el deber de intentar ayudar a su hijo a ver lo que sobrevendrá como resultado de sus decisiones; pero en última instancia, el hijo debe tomar sus propias decisiones y enfrentar las consecuencias. Como padres, esperamos que cuando tomen una decisión incorrecta, al menos aprendan una lección de vida.

A lo largo de las Escrituras, notamos que Dios no interfiere en la toma de decisiones de sus hijos, y tampoco los libra de sufrir las consecuencias de sus errores. Por ejemplo, cuando Abraham tuvo un hijo con Agar, la sirvienta de Sara, en un intento por «ayudar» a Dios a cumplir su promesa, Dios todavía estuvo dispuesto a darles el hijo que les había prometido. Pero la rivalidad que se desató entre los descendientes del hijo de Agar, Ismael, y el hijo de Sara, Isaac, hasta el día de hoy, sigue llenando de dolor el Oriente Medio.

Dios nos permite tomar decisiones insensatas y manejar nuestros asuntos como mejor nos plazca. Para eso nos dio el libre albedrío. Pero eso no significa que vaya a librarnos de las consecuencias, que de seguro vendrán. Sin embargo, tampoco significa que Dios no nos ame, o que desee castigarnos de alguna manera. Leamos las palabras del Salmo 103:11–13:

> «Porque como la altura de los cielos sobre la tierra, engrandeció su misericordia sobre los que le temen. Cuanto está lejos el oriente del occidente, hizo alejar de nosotros nuestras rebeliones. Como el padre se compadece de los hijos, se compadece Jehová de los que le temen».

Dios permite las consecuencias porque es santo y nos ama mucho. Nadie puede desobedecerlo y «salirse con las suyas». En algún momento las consecuencias nos alcanzarán, pero Dios sigue amándonos, antes, durante y después de nuestras decisiones erradas.

Revisemos la experiencia de David y Betsabé, que tuvieron una aventura y ella quedó embarazada. Cuando David se enteró de esto último, intentó que Urías, su esposo, se acostara con ella. Pero Urías era un soldado íntegro y se negó a descansar en casa mientras sus compañeros estaban en combate. Entonces David conspiró para que Urías fuera asesinado en la batalla. La consecuencia de la decisión de David fue terrible: su hijo con Betsabé murió. Sin embargo, Dios no lo dejó sumido en el dolor de las consecuencias. Cuando David reconoció su error y se arrepintió, Dios le mostró su misericordia y le dio otro hijo, Salomón, que llegó a ser uno de los grandes reyes de Israel. Además de eso, David tuvo el privilegio de formar parte de la genealogía de Jesús.

Entonces, ¿podemos seguir pecando y esperar futuras bendiciones? ¡Por supuesto que no! Eso sería jugar con fuego y desafiar directamente a Dios. Recuerda que Dios es santo. Sí, es misericordioso, pero conoce las intenciones de nuestro corazón y quiere que lo obedezcamos voluntariamente.

¿Reconoces aspectos en tu vida en los que quizás no estás obedeciendo completamente a Dios? ¿Por qué no decides dar los pasos necesarios para ponerte a cuentas con él? Vuelve hoy a tu *Abba* Padre y pídele ayuda para comenzar de nuevo. Él está esperando, deseoso de mostrarte su misericordia.

Nunca busques una salida fácil ante las situaciones que amenacen con derribarte. Haz lo que puedas por allanar el camino hacia Dios y procurar la vida que él quiere para ti. Aunque será difícil, también será gratificante confiar en Dios mientras él establece las metas para tu vida. Dios también ha dotado a muchos profesionales: médicos, consejeros, pastores, maestros/profesores, terapeutas físicos, entrenadores personales, etcétera, con la sabiduría necesaria para ayudar a las personas a alcanzar sus metas.

¡Ciñe tu cintura!

Una de mis películas favoritas, *El diablo viste a la moda*, retrata la vida de una joven que se convierte en asistente de una editora de revista de modas, que posee un carácter muy difícil. En una escena, uno de los personajes, llamado Nyles, grita: «¡Todos! ¡Apriétense el cinturón!» para advertir al personal que la jefa llega antes de lo esperado. En otras palabras, que estén preparados para una situación peligrosa.

En nuestro caso, cuando te pido que ciñas tu cintura y aprietes el cinturón de la verdad, me estoy refiriendo a la verdad de lo que Dios dice que eres. Es hora de creer firmemente que fuiste creada para ser quien eres y de actuar con la fuerza de esa convicción.

Hay personas a las que tú llegarás, que yo nunca podré alcanzar; personas cuyas vidas enriquecerás de una manera especial. Se trata de un súper poder que *solo tú* tienes, ¡porque solo tú puedes alcanzarlas! La verdad es que dentro de cada uno de nosotros yace el poder del Espíritu Santo, que nos confiere dones especiales para que los usemos en favor de todo el que nos necesite en nuestra área de influencia, y para ayudarnos en nuestros momentos de necesidad.

Deja ya de compararte. Deja de creer la mentira de que eres lo que la gente piensa de ti. Esas percepciones no definen lo que realmente eres y para qué fuiste creada. Sé tú misma y cumple tu propósito. Hay personas que cuentan contigo.

Plan para la guerra de la información

Mientras estudias los pasajes de las Escrituras recomendados para esta semana, reflexiona sobre lo que estos versículos declaran como verdad en tu vida.

Versículos bíblicos recomendados para cada día:

- Día 1: Salmo 119:160
- Día 2: Efesios 4:21–25
- Día 3: Juan 8:32
- Día 4: Deuteronomio 28:13
- Día 5: 1 Juan 1:5–9
- Día 6: Salmo 145
- Día 7: Proverbios 14:1–7

«Manténganse firmes... protegidos por la coraza de justicia».
—Efesios 6:14, NVI

Capítulo 3

Vuélvete a prueba de balas

Los brazaletes de la Mujer Maravilla son, junto con el lazo, las prendas más definitorias de su atuendo. Sin embargo, ambas armas pueden transformarse en puntos débiles para ella. Aunque los brazaletes sirven para desviar balas o cualquier otro proyectil, una de sus funciones es actuar como inhibidores de potencia.[1] La Mujer Maravilla es increíblemente fuerte, tiene súper velocidad, puede volar, y además, como princesa amazónica, está entrenada para el combate. El problema es que sus poderes son demasiado fuertes para que ella los controle por sí sola. Necesita un control externo. Los brazaletes cumplen esa función: mantienen sus fortalezas a un nivel manejable.

Sin embargo, su propósito va más allá de eso. En una entrevista, William Moulton Marston, el creador del personaje, explicó que los brazaletes tienen la finalidad de recordar, tanto a la Mujer Maravilla como a las amazonas en general, su esclavitud pasada a manos de los griegos. Aunque Afrodita (la diosa del amor) había liberado a las mujeres amazonas, ellas seguirían llevando los brazaletes como recordatorio y advertencia de nunca entregar su poder a ningún hombre.[2]

Con nosotras sucede algo similar. Como mujeres, somos muy sensibles a las emociones, no solo propias, sino también de los que nos rodean. Esa sensibilidad es un «súper poder» que debemos controlar, ya que de no hacerlo, llegaríamos a convertirnos en esclavas de nuestros sentimientos. Tenemos la opción de decidir vivir esclavizadas a nuestras emociones o proteger el lugar donde ellas se asientan, nuestro corazón, viviendo una vida justa.

Ser justos no significa ser más «santos» o mejores que los demás, porque nuestras buenas obras son «como trapo de inmundicia» (Isa. 64:6). Nuestra justicia proviene de un Dios santo, el único verdaderamente justo. Cuando aprendemos a usar su justicia y entregamos a Jesús el control de nuestros corazones y emociones, él nos protege de todo lo que pudiera herir profundamente nuestro ser, incluyendo algunas emociones como la condenación, la baja autoestima, la depresión, el miedo, la ansiedad, la falta de perdón y el resentimiento. En cierto sentido, nos volvemos a prueba de balas.

Las batallas que enfrentamos las mujeres

En una escena de la película de 2017, Diana enfrenta cara a cara a Ares, el dios de la guerra. Se trata de uno de los momentos más intensos de la película, porque representa el clímax de la batalla entre el bien y el mal. La escena encierra un hermoso mensaje y una gran enseñanza: la principal motivación de Diana para luchar por la justicia, es su amor por Steve Trevor y por la humanidad.

La batalla en sí es emocionante; va más allá de la confrontación física e involucra también la mente. Ares bombardea continuamente a Diana con argumentos que le generan pensamientos negativos. Le hace sentir que la condición del hombre es desesperada, que no hay posibilidad de redención; tratando de convencerla de abandonar a la humanidad a su propia suerte. Durante un breve momento, en los pensamientos de Diana se libra una lucha por el discernimiento de la verdad. Finalmente, ella elige creer que el amor puede superar todo, incluso las situaciones más difíciles y desesperadas.

De la misma manera, el enemigo trabaja en nuestra mente. Sus ataques no son físicos; si lo fueran, tal vez sería más fácil protegernos de ellos. Pero no es así. Él va más allá. Su estrategia principal para desviarte de tu propósito consiste en atacar tu mente, el lugar donde se asientan tus pensamientos, tu voluntad y tus emociones (la reconocida escritora Joyce Meyer habla sobre esto en su libro *El campo de batalla de la mente*, cuya lectura recomiendo ampliamente).

Tu ser puede sufrir dos tipos de ataques:

1. **Ataques mentales:** El enemigo ataca tu mente y comienza a torcer tus pensamientos y perspectivas para generar confusión. Los ataques mentales de Satanás pueden llegar a paralizarte a nivel de tus pensamientos y dejarte desconcertada.
2. **Presión:** Esta es claramente una táctica demoníaca. El reino de Dios está lleno de poder y autoridad, pero no de presión. El Espíritu Santo te guía (Rom. 8:14), pero no te intimida ni te obliga a ser obediente. Esas son estrategias del enemigo.

Como vimos en el capítulo anterior, para librar la guerra espiritual es fundamental que nos alistemos con la verdad de la Palabra de Dios. Si no tenemos cuidado y permitimos que se distorsione alguna porción de la verdad, percepciones erróneas pueden llevarnos a comprometer lo que sabemos que es correcto.

En las siguientes secciones, veremos algunas emociones que el enemigo utiliza para desviarnos de nuestro propósito, y que incluyen:

- Baja autoestima
- Soledad
- Ansiedad
- Resentimiento
- Rechazo

Cuando comprendemos cómo usa el enemigo estas emociones negativas contra nosotras, podemos blindar nuestros corazones, volverlos a prueba de balas y, como resultado, hacer lo correcto a los ojos de Dios.

Saber quién eres

La mayoría de las mujeres que luchan con problemas de autoestima, a menudo sienten que no están a la altura de un determinado estándar. La baja autoestima es una emoción que el enemigo usa contra nosotras para enmascarar nuestra verdadera identidad: lo que Dios dice que somos.

Yo me sentí muy acosada durante mi infancia. En la primaria, mis compañeros se metían conmigo por mi sobrepeso. En la secundaria, «florecí» más rápido que la mayoría de las niñas de mi edad, y tanto los niños como las niñas me molestaban inmisericordemente.

Mi autoestima se fue al piso, porque comencé a creer que las palabras negativas que se pronunciaban en mi contra eran ciertas. Luego, a medida que maduré emocional y espiritualmente, me propuse creer solo lo que Dios tenía que decir de mí, y logré que mi corazón se volviera a prueba de balas. Luché para superar los pensamientos negativos, recordándome que era tan especial para Dios que aún los cabellos de mi cabeza estaban contados (Luc. 12:7) y que fui creada en forma única y maravillosa (Sal. 139:13). Saber quién soy, de acuerdo con el concepto de Dios, me ayudó a fortalecer mi autoestima y mi determinación de defender lo que es correcto, independientemente de lo que la sociedad pueda tratar de imponerme.

La clave para superar nuestra estabilidad emocional es saber quiénes somos en Cristo. Esta es la única manera de desprendernos de los viejos patrones de pensamiento, basados en la vergüenza y en el peligroso hábito de esforzarnos cada vez más para llegar a ninguna parte. Somos cabeza y no cola (Deut. 28:13). Somos la niña de los ojos de nuestro Padre, y estamos protegidas bajo sus alas (Sal. 17:8) y vestidas con la realeza de su favor.

Conocer nuestro valor para Dios es el primer paso hacia el cambio personal. En Jesús nos transformamos en personas totalmente *nuevas* (2 Cor. 5:17). Ahora no somos quienes solíamos ser, ¡somos mucho más! Ni nuestro pasado, ni lo que otros opinan de nosotros, definen lo que realmente somos.

¿Cómo cambiarían tus acciones si te vieras a ti misma como un agente encargado de cambiar el mundo? ¿Qué influencia ejercerías en cada persona con quien te relacionas? Piénsalo. Si tu enemigo puede hacer la guerra en tu mente, bajar tu autoestima y hacerte creer que eres menos de lo que realmente eres, entonces él gana. Pero si puedes combatir esos pensamientos negativos y declarar en voz alta exactamente lo contrario, entonces ganarás tú, con una amplia ventaja.

Solo hay Uno que satisfice

La soledad, esa sensación de aislamiento, de falta de compañía, es otra emoción que el enemigo utiliza para atacarnos. La soledad es un arma poderosa que puede entrampar a cualquiera, sea soltero o casado, joven o viejo. Hay quienes pueden estar en una habitación llena de gente y aún así sentirse solos. Poco después de mi divorcio, enfrenté la dolorosa oscuridad de la noche: sentir que no había otro adulto en la casa con quien compartir las experiencias del día o que me prestara apoyo si sucedía algo con los niños.

Muchos creen que si tuvieran un cónyuge su soledad desaparecería. Aunque la compañía de un cónyuge puede aliviar la inconformidad, el anhelo más profundo del corazón es la comunión con Dios. ¿Qué pasaría si tomáramos la soledad como algo bueno? ¿Qué pasaría si en lugar de intentar huir de la soledad buscando otras relaciones, corriéramos hacia Jesús para pedirle que llene nuestro vacío? ¿Qué sucedería si recordáramos que así como en la soledad física podemos escuchar la voz del Padre, en la soledad interior podemos apreciar mejor su carácter y sentirlo como nuestro consolador, compañero y sustentador?

En mi caso, crecí en un hogar monoparental, así que nunca supe lo que era ver a mis padres interactuar día a día. Prácticamente fui hija única, porque mis hermanos eran mucho mayores y no vivían en casa. Aunque me adapté al entorno, en el fondo siempre quise saber cómo sería crecer junto a un padre. Añoraba la sensación de seguridad que la figura paterna debía producir, hasta que maduré y entendí que Dios fortalece a los alienados de corazón. David proclamó: «Aunque mi padre y mi madre me abandonen, el Señor me mantendrá cerca» (Sal. 27:10, NTV). Memoricé este versículo en mi adolescencia temprana, para proteger mi corazón de los sentimientos de soledad y abandono que la ausencia de mi padre me producía.

Tal vez en este momento te sientes aislada y sola. Pero recuerda esto: nunca estarás más cerca de Dios que cuando te encuentras en medio de la oscuridad. Es en esos momentos cuando él está más cerca de ti. ¿De qué maneras le estás pidiendo al Padre que «te mantenga cerca»?

Nuestro Padre celestial promete en Hebreos 13:5: «Nunca te dejaré; jamás te abandonaré» (NVI). La palabra *nunca* es un adverbio que describe una acción, y que el diccionario define como «en ningún grado: bajo ninguna condición». [3]

En uno de sus sermones, mi pastor desempolvó el significado de la palabra nunca dentro del contexto de Hebreos 13:5, que dice:

> «Sea el carácter de ustedes [su esencia moral, su naturaleza interior] sin avaricia [evite amar demasiado el dinero, sea financieramente ético], contentos con lo que tienen, porque Él mismo ha dicho: *"Nunca [en ningún caso] te dejaré [no te daré la espalda, ni te dejaré indefenso o sin apoyo, en ningún grado] ni te desampararé [te decepcionaré, ni descuidaré mi protección sobre ti; con toda seguridad, ¡No lo haré!]"*».
>
> —Hebreos 13:5, NBLA (énfasis añadido)

Básicamente, el pastor dijo que la primera mitad de la declaración: «Nunca te dejaré», indica la promesa de Dios de no descuidarnos nunca en un sentido físico. Aunque nos sintamos solos, nunca lo estamos realmente, porque su presencia está permanentemente con nosotros. La segunda mitad: «Nunca te abandonaré», hace referencia a su promesa de nunca desampararnos emocionalmente. ¡Qué pensamiento tan poderoso, especialmente para las damas que anhelan intimidad emocional! Definitivamente, Dios es un padre para los huérfanos y un defensor de las viudas (Sal. 68:5).

No permitas que la soledad penetre en tu corazón y te haga creer que estás desamparada, porque esa es otra mentira del enemigo. La realidad es que nadie podrá satisfacer los deseos de tu corazón como Dios quiere hacerlo. Aunque desciendas a lo más bajo y toques fondo, su amor por ti no cambia. Solo cuando crees y aceptas esa verdad, llegas a experimentar el amor y el sentido de pertenencia que has estado buscando.

Echa toda tu ansiedad sobre Dios

Algunas veces, los acontecimientos traumáticos que experimentamos nos dejan sentimientos de ansiedad. Las circunstancias que no podemos controlar o predecir nos generan crisis de ansiedad ¡que es una de las emociones más perjudiciales! Un ataque de ansiedad puede compararse con un ataque al corazón, con la diferencia de que el primero te debilita tanto física como emocionalmente.

Si alguna vez has experimentado ansiedad, no eres la única y tampoco estás loca. La ansiedad aparece cuando intentas protegerte de un daño emocional adicional; es esa sensación que te mantiene alerta para «luchar o huir». En el pasado, sufrí crisis graves de ansiedad, al punto de ameritar hospitalización porque sentía que estaba sufriendo un ataque cardíaco. Puedo recordar una ocasión en la que estaba tan estresada en el trabajo, que mi presión arterial se disparó. Mi corazón latía demasiado aprisa y sentía mucho dolor en el cuello y los hombros. Realmente parecía como un ataque al corazón.

No me avergüenza confesar que, hasta hace poco, experimentaba ataques de ansiedad tan fuertes, que a veces me despertaba de un sueño profundo en medio de una crisis de pánico. Incluso, a medida que me acercaba a la publicación de este libro, los ataques se volvieron más frecuentes. Los sufría casi todas las noches. Dormía muy poco o nada y tenía que trabajar al día siguiente. Pero un día, durante mi tiempo a solas con Dios, el Espíritu Santo me mostró que la ansiedad era una estrategia del enemigo para disuadirme de cumplir esta misión. Entonces, envié un mensaje de texto a todas mis amigas y compañeras de oración, pidiéndoles que oraran por mí para que cesaran los ataques.

Muchas respondieron de inmediato expresándome su apoyo, pero una de ellas escribió:

—¿Te molesta si te llamo en treinta minutos para orar contigo?

—¡De ningún modo! Estaré esperando —le respondí.

Cuando me llamó, me preguntó qué sucedía. Compartí lo que el Espíritu Santo me reveló: que el enemigo estaba tratando de disuadirme de publicar el mensaje de este libro. Entonces me dijo:

—Si estás en tu habitación ahora, pon el teléfono en altavoz y oremos.

Esa noche, oramos por liberación de los ataques de ansiedad que estaba sufriendo tanto despierta como en medio del sueño. Luego, oramos para que Dios me revelara cualquier objeto en la habitación que pudiera estar invocando ataques espirituales del que necesitara deshacerme.

Después de orar y finalizar la llamada, algo que no había notado antes atrajo mi atención. Una figura que me había obsequiado un amigo y la conservé porque era bonita. Al verla, entendí por qué había atraído mi atención: representaba una atadura espiritual al pasado. Saqué la figura de mi habitación y lo deseché. Desde esa noche, he tenido un descanso tranquilo (bueno, ¡excepto cuando tengo los sofocos menopáusicos!)

Sin duda hay muchas maneras de reducir la ansiedad: distraer la mente, hacer ejercicio físico o ejercicios de respiración, conversar con una amiga, o consultar un consejero profesional. Pero honestamente, no encuentro algo con mayor poder para disipar los pensamientos ansiosos, que confiar en Dios.

¿Por qué? Porque la ansiedad de los creyentes está enraizada en la duda. Surge cuando desconfiamos de la promesa de Dios de velar por nosotros ante cualquier situación. Su verdadero origen está en el *Yo*. Por lo tanto, la forma más efectiva de proteger tu mente de la ansiedad es renunciar a los intentos por controlar cada situación y permitir que sea Dios quien tome el control. La clave para superar la ansiedad está en aprender a ponerlo todo en las manos de Dios.

La Biblia dice: «Echando toda vuestra ansiedad sobre él, porque él tiene cuidado de vosotros» (1 Ped. 5:7). También nos dice que «la ansiedad en el corazón del hombre lo deprime, pero la buena palabra lo alegra» (Prov. 12:25, NBLA).

Dios no solo quiere que lo conozcamos, ¡quiere que creamos en él! Muchas circunstancias en nuestra vida pueden quebrantar nuestra voluntad de confiar en Dios. Una pérdida o una traición pueden afectar profundamente nuestro nivel de confianza.

Depender de un Dios invisible no es fácil para un cristiano con problemas de confianza. Incluso aquellos que no tienen ese tipo de problemas también deben aprender a desarrollar su fe. La relación de confianza solo crecerá dando pasos de fe, tomando la decisión de abandonarnos completamente en sus manos.

Juan 16:33 dice:

«Estas cosas os he hablado para que en mí tengáis paz. En el mundo tendréis aflicción; pero confiad, yo he vencido al mundo».

Analicemos un poco este versículo. Observa el aspecto «emparedado» del mensaje: tendrás problemas aquí en la tierra, pero anímate, porque yo he vencido al mundo. Este versículo afirma que *tendrás* problemas; no dice que *podrías* tenerlos. Eso significa que los problemas siempre vendrán.

Entonces Dios hace bajar la preocupación con la palabra *pero*. Pero, es una conjunción que se utiliza para introducir una palabra o frase que va a contrastar lo que se dijo inicialmente. Jesús dijo: «Pero confiad, yo he vencido al mundo». Con esto, nos dice algo así: «Te he liberado de tus sentimientos de ansiedad, miedo y dolor. Todos esos sentimientos negativos los llevé a la cruz; allí los clavé. ¿Por qué insistes en bajarlos y cargarlos contigo?». Jesús murió para que no tengamos que cargar con la ansiedad. Él ya pagó el precio.

La confianza es la llave que abre la puerta a un caudal de paz y alegría que elimina la ansiedad.

La confianza es la llave que abre la puerta a

un caudal de paz y alegría que elimina la ansiedad. ¿Confías en Dios? No estoy hablando de confianza superficial, esa que se queda en las palabras, sino del tipo de confianza que te permite renunciar a cualquier cosa en la que hayas puesto tu confianza en lugar de Dios.

Cuando realmente ponemos nuestra confianza en el Señor, entendemos que hay poder en el nombre de Jesús, oramos en el nombre de Jesús y mostramos autoridad sobre nuestros enemigos en el nombre de Jesús. Solo en su nombre ganaremos la batalla contra la ansiedad o cualquier otro enemigo que pretenda atacarnos.

El perdón es liberador

Puede ser difícil perdonar a quien nos lastima, pero el resentimiento es una emoción extremadamente peligrosa que el enemigo puede usar para esclavizarnos cruelmente. La batalla por el perdón adquiere cualquier forma o tamaño: la infancia o la inocencia que perdiste, el ascenso que legítimamente te correspondía pero que se le dio a otra persona, o perder al final feliz que siempre deseaste tener. Pero perdonar no significa obviar que la persona te hizo mal. Perdonar simplemente significa liberar a alguien de una deuda. Por lo general, es una deuda que el ofensor no podría pagar aunque quisiera.

Perdonar no es una sugerencia. Jesús dijo:

> «Porque si perdonáis a los hombres sus ofensas, os perdonará también a vosotros vuestro Padre celestial».
>
> —Mateo 6:14

¿Notas la condición que establece este versículo? Si perdonas a los demás, entonces tu Padre celestial te perdonará. En otras palabras, primero debes hacer tu parte.

¿Por qué luchamos por perdonar a quienes nos han hecho daño? A menudo nos cuesta perdonar porque creemos que castigamos a la otra persona al no liberarla de la ofensa. Pero la verdad es que cuando rehusamos perdonar, nos estamos castigando nosotros mismos y nos encadenamos a la ira y la amargura. La indisposición a perdonar nos paraliza, nos impide avanzar al cumplimiento de nuestro propósito, porque nos mantiene enfocados en el pasado en lugar de disfrutar el presente y proyectarnos hacia el futuro. Cuando recordamos continuamente las ofensas que hemos sufrido, perdemos de vista el panorama general, el propósito que Dios tiene para nosotras, lo que nos ha llamado a hacer a mayor escala. Es como conducir por una carretera mirando constantemente por el espejo retrovisor en lugar de mirar hacia adelante a través del parabrisas delantero. No puedes ver hacia dónde te diriges si estás concentrada en lo que está detrás de ti.

Siempre les digo a mis hijos: «Si alguien los lastima o les hace algún mal, perdónenlo y sigan adelante. El perdón no es para ellos; *es para ustedes*. Cuando perdonan, se liberan de la cárcel de la amargura y evitan ceder el control de sus emociones o el gobierno de sus vidas a la otra persona».

> **Cuando perdonan, se liberan de la cárcel de la amargura y evitan ceder el control de sus emociones o el gobierno de sus vidas a la otra persona.**

En su infinita sabiduría, Dios nos ordena perdonar, porque sabe que si no lo hacemos seremos prisioneros. La indisposición a perdonar y la amargura que generalmente la acompaña, nos producen daño a nosotros en lugar de afectar al ofensor. Las Escrituras dicen que la amargura nos contamina y nos hace cautivos del pecado (Heb. 12:15). El resentimiento no solo nos afecta espiritualmente, sino también físicamente.

Diversas investigaciones demuestran que practicar el perdón ejerce un efecto positivo en nuestro bienestar físico y emocional. El perdón se asocia con niveles más bajos de ansiedad crónica y depresión.[4]

Pablo exhorta a los creyentes de Éfeso: «Además, no pequen al dejar que el enojo los controle. No permitan que el sol se ponga mientras siguen enojados. Porque el enojo da lugar al diablo» (Efe. 4:26–27, NTV). La palabra griega traducida como diablo en este versículo (*diabolos*) también se puede traducir como «calumniador».[5] Si permitimos que la indisposición a perdonar se arraigue en nuestro corazón, le damos al ofensor un nivel de control continuo sobre nuestra vida. Nos estancamos, reviviendo la ofensa una y otra vez, mientras el ofensor continúa viviendo y disfrutando su vida. Si no superamos la falta de perdón, arrastramos la carga, al punto de que las experiencias pasadas nos impedirán disfrutar de las bendiciones de Dios en el presente. Incluso, la falta de perdón puede poner en riesgo nuestro futuro, porque nubla el juicio y nos induce a tomar decisiones equivocadas.

El ofensor no gana el derecho al perdón por hacer o dejar de hacer algo. Es algo que se otorga gratuitamente, así como Cristo nos perdonó a nosotros. El perdón es incondicional y unilateral. Es necesario siempre, independientemente de que conlleve o no a la reconciliación entre las partes.

> **Perdonar es liberar a un prisionero, y descubrir que ese prisionero eras tú.**
> —Lewis B. Smedes

Perdonar a los que me ofendieron o lastimaron nunca se me hizo difícil. Sin embargo, perdonarme a mí misma fue algo con lo que luché durante mucho tiempo. Siempre he sido dura conmigo misma. Si sentía que le había fallado a Dios, entonces me castigaba pensando que no era digna de recibir su gracia, y generalmente huía en lugar de acercarme a él. ¡Qué error! ¡Qué mentira del enemigo! Nadie es «digno» de recibir la gracia de Dios porque hemos hecho demasiado mal. Precisamente, la gracia consiste en recibir lo que no merecemos. Eso significa que nunca podremos ser dignos de ella. La gracia es un regalo, y se nos da gratuitamente.

¿Sabes algo? Yo sigo fallando. Con frecuencia no alcanzo el nivel de los estándares de Dios, pero he aprendido a perdonarme por eso, porque entiendo que soy humana e imperfecta. Cuando fallo, solo me queda reconocer que hice mal e ir a Dios arrepentida para pedirle que su gracia vuelva a sanarme.

Aprende a perdonarte a ti misma; no dejes que el miedo te encarcele y te obligue a pasar la vida agobiada por la inseguridad, la baja autoestima, la ira o los celos. Date la oportunidad de crecer en Dios, superando esas emociones peligrosas y destructivas.

¿Cómo aprender a perdonar? No existe una fórmula especial, pero desde el punto de vista práctico, puedes tener en cuenta estos siete pasos.

1. **Decide perdonar.** Como mencioné anteriormente, el perdón no es para el ofensor, sino un beneficio para ti. Es una salvaguarda para que tu vida no se llene de amargura. No hay mejor opción que decidir perdonar.
2. **Se específica.** Haz una lista de todo lo que perdiste como resultado de la ofensa recibida. Si es posible, crea una imagen visual de cómo percibes la ofensa. Este será un paso en la dirección correcta para evitar que el resentimiento y la amargura te agobien.
3. **Ora por la ayuda de Dios.** No hay un recurso más valioso que llevar las cargas al Padre celestial. Pídele que te ayude a seguir el camino del perdón y que te muestre lo que debes hacer.
4. **Libera al ofensor de su deuda.** Este es el mejor indicador de que

realmente estás transitando por el camino del perdón. Cuando llegas al punto en el que sientes que el ofensor ya no te debe nada, estás protegiéndote de albergar indisposición a perdonar en tu corazón.

5. **Elije perdonar todos los días.** Al igual que con cualquier otra decisión que tomes para mejorar tu vida y andar en rectitud, elegir perdonar debe ser un ejercicio diario. La clave es aprender de las experiencias y crecer.
6. **Bendice.** Elige bendecir a quienes te lastimaron (Luc. 6:28).
7. **Libérate de lo sucedido.** ¡Este paso no necesita más explicación!

Tu pasado no define tu presente. Tu presente es el camino hacia el futuro. Sí te encuentras en un estado mental poco saludable, en el que prevalecen los sentimientos negativos, cambia el curso. Elige perdonar. Mientras tengas vida, nunca será demasiado tarde para comenzar de nuevo.

Dios te acepta tal como eres

Todos anhelamos ser amados y aceptados, pero eso no siempre sucede. Lamentablemente, vivimos en un mundo descompuesto, lleno de relaciones rotas, donde el rechazo y el abandono son comunes. No debería ser así, pero lo es.

Los cónyuges eligen dejar o rechazar a su pareja. Los padres eligen rechazar o abandonar a sus hijos. Algunos padres hacen lo imposible para que sus hijos jamás puedan complacerlos, lo que hace que nunca reciban su aprobación. Es común que las personas se sientan menospreciadas por sus jefes o compañeros de trabajo. Los niños en las escuelas sufren maltrato por parte de sus compañeros. Incluso en la iglesia, algunas personas pueden sentirse discriminadas.

El rechazo o el abandono lastima nuestro corazón como nada más puede hacerlo. Un solo incidente de rechazo o abandono puede marcarnos permanentemente, y hacer que nos sintamos inferiores, incompetentes, indeseables o inútiles. Por favor, nunca creas esto. Eres un tesoro. Dios te hizo y siempre has sido parte de su plan. *No* eres inferior a nadie. Dios quiere hacerte sentir nuevamente plena: ¡Eres valiosa y amada!

Si has sufrido rechazo o abandono, te recomiendo encarecidamente que tomes un momento para derramar tus más profundas angustias delante Dios. El

Vuélvete a pruebas de balas

Salmo 34:18 dice: «Cercano está Jehová a los quebrantados de corazón; y salva a los contritos de espíritu». No tengas miedo de acercarte a Dios y exponer tu corazón. Deja que él lo llene. Pídele que te revele los planes y sueños que tiene para tu vida.

Muchos versículos de las Escrituras enseñan cuánto ama Dios a los que han sido rechazados o abandonados. Lamentablemente, cuando otros te rechazan, en realidad están rechazando a Aquel que te creó. Pero Dios nunca te dejará ni te abandonará (Deut. 31:6; Heb. 13:5) y su corazón sufre cuando alguien decide dejarte, abandonarte, maltratarte o rechazarte.

Tú ocupas un lugar muy especial en el gran corazón de Dios. Él es un refugio seguro en el que puedes confiar. ¡Él te ama con un amor incalculable! Cuando alguien que ha sido herido profundamente entiende eso, desarrolla una habilidad increíble para amar a los demás en forma incondicional. Llega a demostrar un nivel de compasión mucho mayor que el de la mayoría.

Las personas que han sido heridas profundamente desarrollan una habilidad increíble para amar a los demás en forma incondicional.

Construye tu identidad en base a lo que Dios

piensa de ti, no sobre las opiniones de los demás. ¡Las palabras del salmista pintan un hermoso cuadro del profundo amor que Dios siente por ti!

> «¡Jamás podría escaparme de tu Espíritu! ¡Jamás podría huir de tu presencia! Si subo al cielo, allí estás tú; si desciendo a la tumba, allí estás tú. Si cabalgo sobre las alas de la mañana, si habito junto a los océanos más lejanos, aún allí me guiará tu mano y me sostendrá tu fuerza. Podría pedirle a la oscuridad que me ocultara y a la luz que me rodea que se convierta en noche; pero ni siquiera en la oscuridad puedo esconderme de ti. Para ti la noche es tan brillante como el día. La oscuridad y la luz son lo mismo para ti».
>
> —Salmo 139:7–12, NTV

Dios puede tomar tus heridas, todas tus experiencias de vida, y convertirlas en algo de gran valor para su reino. Pídele que sane tu corazón, que trabaje en tu vida, que te revele sus planes, y que su amor cobre vida en ti.

Tienes un gran valor, un gran poder y propósito. Por favor, nunca dudes de eso.

Lo que Dios desea que escuchemos

Tu vida no se reduce a los errores que has cometido. No eres lo que indican las etiquetas que te han colocado. No eres las mentiras que el enemigo ha tratado de venderte. *Eres lo que Dios dice que eres:*

- Una hija de Dios (1 Juan 3:1)
- La niña de sus ojos (Sal. 17:8)
- Más que una vencedora (Rom. 8:37)
- Una nueva creación en Cristo (2 Cor. 5:17)
- La justicia de Cristo (2 Cor. 5:21)

Todos nuestros problemas de identidad surgen porque en el fondo no entendemos quién es Dios. Los sentimientos de culpa provienen de no entender la gracia de Dios. La falta de dominio propio, de no reconocer la soberanía de Dios. La ira, de no entender la misericordia de Dios. El orgullo, de desestimar la grandeza de Dios. La desconfianza, de olvidar la bondad de Dios.

Si estás luchando con alguno de esos problemas, ¡es hora de dejar que sea la voz de Dios la que hable más fuerte en tu vida! Dios no te ama por lo que eres. Te ama por lo que él *es*.

- Cuando acertamos, Dios dice: «Te amo».

- Cuando fallamos, Dios dice: «Te amo».
- Cuando tenemos fe, Dios dice: «Te amo».
- Cuando dudamos, Dios dice: «Te amo».

No ha nada que puedas hacer para que él te ame más o te deje de amar. El amor de Dios por ti es perfecto, inmutable y eterno.

Dios quiere que escuchemos su voz, lo que él quiere decirnos. Pero especialmente, quiere que escuchemos su corazón. Por eso, cada vez nos susurra más suavemente, para que tengamos que acercarnos más a él para escucharlo. Cuando nos acercamos lo suficiente, entonces nos envuelve en un abrazo y nos dice que nos ama.

En muchas de nosotras, la voz de Dios ha sido silenciada por la voz del conformismo, la crítica y la condena. Como consecuencia de eso, enfrentamos soledad, vergüenza y ansiedad. Pero hay buenas noticias.

No solo fuiste creada a la imagen de Dios, sino que estás programada para reconocer su voz (Juan 10:4). Dios te formó en el vientre de tu madre (Sal. 139:13–14). Ordenó todos tus días con mucha anticipación (Sal. 139:16). Y además, te dice: el que comenzó tan buena obra en ti la irá perfeccionando hasta el día de Cristo Jesús (Fil. 1:6). Si te resulta difícil separar la verdad que se encuentra en la Palabra de Dios, de las mentiras con las que el enemigo te bombardea diariamente, considera invertir más tiempo en el estudio de la Palabra. Recuerda mantener siempre puesto el cinturón de la verdad (ver el capítulo 2).

¿Hacia dónde te está guiando Dios? ¿Qué te está diciendo? Si no puedes escuchar su voz, considera pasar más tiempo estudiando su Palabra todos los días.

Conviértete en la mejor y más grande expresión de la idea que Dios tuvo al crearte. No intentes convertirte en algo diferente a lo que él quiere que seas. Fuiste creada con un propósito diseñado por Dios.

Nunca cumplirás tu propósito en tu guarida. La Mujer Maravilla trataba de protegerse del mundo real escondiéndose en la isla donde vivía su pueblo, pero allí jamás habría cumplido su propósito. Tú tampoco puedes seguir escondiéndote en tu pequeña isla. Necesitas salir de tu guarida, de tu escondite, y descubrir la persona que Dios te ha llamado a ser.

Plan para la guerra de la información

Nuestro corazón puede engañarnos si dejamos que las emociones lo gobiernen. Durante esta semana, reflexiona en «los problemas del corazón» y en las armas que Dios nos da para protegerlo.

Versículos bíblicos recomendados para cada día:

- Día 1: Proverbios 4:23
- Día 2: Romanos 6:18; 15:13
- Día 3: 2 Corintios 10:4-5
- Día 4: Efesios 4:23-24
- Día 5: Hebreos 4:12–13
- Día 6: 1 Samuel 16:6–7
- Día 7: Isaías 61:3

«Manténganse firmes [...] calzados con la disposición de proclamar el evangelio de la paz».
—Efesios 6:14–15, NVI

Capítulo 4

Con las botas en tierra

Ningún soldado debería adentrarse en territorio enemigo sin llevar puestas sus botas de combate. Los soldados preparados aprenden las tácticas del enemigo y saben mantener sus pies plantados firmes en el terreno para resistir el ataque. Las botas de un soldado reúnen propiedades especiales de durabilidad, impermeabilidad, amortiguación, soporte para el tobillo, flexibilidad, etcétera. En otras palabras, deben ser lo suficientemente resistentes como para permitir que el soldado golpee el suelo al correr.

Mi superheroína, la Mujer Maravilla, usa unas botas estupendas, aunque no es a ellas que debe la súper velocidad y la habilidad para saltar alto. Su velocidad es el poder sobrenatural que la impulsa hacia adelante para enfrentar las luchas. A pesar de eso, como ya mencioné, ella no es invencible. En un episodio de la serie, flaquea cuando el villano Espantapájaros libera el gas del temor y hace aflorar sus temores más profundos.[1]

Nosotras, en la vida real, estamos constantemente bajo ataque, pero contamos con un arma para defendernos. Consiste en asumir la «posición de listas», afianzándonos en la Palabra de Dios y aceptando la gracia divina sin pretender abusar de ella. Permanecer en la posición de listas implica estar siempre preparadas para compartir la Palabra, testificando de lo que ella ha hecho en nuestra vida.

Ser cristianas no nos da el derecho de pisotear a los demás, pero tampoco significa aceptar que nos usen como alfombras. Debemos estar preparadas en todo momento para llevar el «evangelio de la paz», tanto de palabra como de hecho, a toda la humanidad, y hacerlo a la velocidad del rayo. No dudes, ¡aprovecha cualquier oportunidad!

Recupera el equilibrio y vence

Es casi inevitable que en las batallas físicas se produzcan bajas, y en el campo de batalla espiritual sucede lo mismo. Puede que, al experimentar una pérdida de cualquier tipo te sientas desequilibrada, herida, desesperada, ansiosa, enojada, frustrada, sin fe. Estos sentimientos pueden hacerte tambalear en la lucha contra el enemigo.

En medio de las tormentas de la vida, he perdido el equilibrio muchas veces, más de las que quisiera admitir. Además, durante los últimos años he aprendido más sobre la muerte y el duelo de lo que habría querido saber. Lo que voy a compartir contigo no tiene la intención de generar lástima, sino darte esperanza y la plena seguridad de que tú también puedes ser restaurada.

Quiero compartir contigo mi travesía por el dolor del divorcio. Si has pasado por eso, estarás de acuerdo conmigo en que es una de las mayores pérdidas que se puede experimentar. Es un dolor similar al que provoca la muerte de un ser amado, pero sin un cuerpo sobre el cual llorar. Aunque tenga lugar en los términos más civilizados posibles, el divorcio es extremadamente doloroso, y afecta no solo a la pareja, sino a nuestros parientes, los amigos mutuos y, lo peor de todo, los hijos de ese matrimonio.

Después de mi divorcio, una pareja amiga con la que había compartido la mayor parte de mi vida, me dio la espalda. Irónicamente, los amigos que me apoyaron durante ese tiempo *no* eran cristianos. La iglesia a la que asistía en ese momento no vivía un ministerio espiritualmente saludable como el que yo necesitaba. No culpo a la iglesia, ni a mis amigos ni a nadie por lo que experimenté durante esa etapa. Solo mi excónyuge y yo fuimos responsables de la desintegración de nuestro matrimonio. Solo a nosotros dos nos correspondía (1) cuidar nuestra relación personal con Dios, y (2) trabajar juntos por la salud de nuestro matrimonio.

Después de una breve separación, acepté que mi esposo volviera durante un tiempo, porque realmente quería encontrar una solución y salvar nuestro matrimonio. Después de todo, yo lo amaba. Cuando alguien muy cercano a mí supo que había regresado con mi esposo, me dijo que había cometido un «gran error» y que era demasiado «débil». Esas palabras fueron dolorosas y poco asertivas, pero las ignoré, porque realmente quería tratar de arreglar todo.

Durante todo ese tiempo, me esforcé por entender por qué nuestro matrimonio estaba sufriendo. No sabía de algún cristiano que se hubiera casado con otro cristiano con el propósito de divorciarse. Más tarde, cuando me detuve a analizar todos los incidentes que ocurrieron, lo que dijimos e hicimos durante el matrimonio y el divorcio; el Señor me hizo ver especialmente la condición de mi mente. Tenía mucho que aprender sobre el poder transformador de los pensamientos. Proverbios 23:7 dice: «Porque cual es su pensamiento en su corazón, tal es él».

Fueron necesarios varios años de oración, asesoramiento profesional y reconocimiento de mis propias deficiencias, para que Dios sanara mi mente y mi ser. Lamentablemente, muchos se identifican con el dolor que intento describir. Sí es tu caso, quiero decirte que no tienes que sentirte avergonzada por ser una cristiana divorciada. Dios hubiera querido protegerte de experimentar ese dolor, pero siempre te amará como eres. Puedes ser restaurada para integridad y vivir la vida que él destinó para ti.

Hoy estoy agradecida por las personas que me aman y me apoyan. Yo también las amo y las apoyo. Eso es lo que significa pertenecer a un «pueblo». Durante los tres años que siguieron a mi divorcio, perdí a seis de mis seres queridos. Tratar de sobrellevar tantas pérdidas seguidas fue muy duro para mí. Mi mente y mi cuerpo no tenían oportunidad de recuperarse de una pérdida cuando ya les tocaba enfrentar otra.

Dios quisiera protegerte de experimentar el dolor; él siempre te amará tal como eres.

Pero he aprendido que el tiempo de duelo no es el más apropiado para buscar respuestas. Sobrevivir al proceso de duelo como tal ya consume suficiente energía; y la verdad es que ninguna respuesta puede satisfacer adecuadamente la pregunta: «¿Por qué, Dios?».

Finalmente, Dios me ayudó a entender que la vida es demasiado corta para preocuparme por pequeñeces. Aprendí a disfrutar los buenos momentos cuando se presentan y a atesorar los recuerdos positivos. A disfrutar las bendiciones diariamente. Por ejemplo, algo simple como comerme el postre antes de cenar, o viajar antes de retirarme si Dios me lo concede, en vez de posponer las cosas para otro momento. Aprendí que valorar a los seres queridos que todavía están conmigo y pasar tiempo con ellos, es más importante que esclavizarme a un trabajo en el que puedo ser reemplazada fácilmente. Cuando elegí cambiar mi perspectiva de la vida, Dios me dio una corona en vez de ceniza y convirtió mi duelo en alegría, como declaró el profeta Isaías:

> «El Espíritu del Señor Soberano está sobre mí, porque el Señor me ha ungido para llevar buenas noticias a los pobres. Me ha enviado para consolar a los de corazón quebrantado […]. A todos los que se lamentan en Israel les dará una corona de belleza en lugar de cenizas, una gozosa bendición en lugar de luto, una festiva alabanza en lugar de desesperación. Ellos, en su justicia, serán como grandes robles que el Señor ha plantado para su propia gloria».
> —Isaías 61:1, 3, NTV

Dios es una fuente increíble de consuelo, ayuda

y amor para el corazón herido. Él lo sabe todo, puede curarlo todo y tiene la capacidad de cambiar cualquier situación.

Tratar de ver «el lado positivo» durante un momento de pérdida, o lograr ver las cosas desde una nueva perspectiva, puede resultar desafiante. Pero durante las estaciones dolorosas de mi vida aprendí que la pérdida ayuda a ver claramente lo bueno que aún nos queda. También permite aprender de errores pasados o de los errores de los demás. Y finalmente, brinda la oportunidad maravillosa de desarrollar una profunda gratitud hacia Dios y hacia los demás.

El salmista dijo: «Él sana a los quebrantados de corazón, y venda sus heridas» (Sal. 147:3). Cuando tienes el corazón roto, Dios está más cerca de lo que piensas. Pídele que te ayude a alcanzar una «nueva normalidad» y agradece a diario por todo lo bueno que da cada día.

> Hay un propósito en tu dolor. Tú ves el problema, pero no puedes ver el propósito. El propósito es el por qué, y el problema es el qué.
> —T. D. Jakes

Todos tomamos diferentes caminos a medida que pasamos por los momentos buenos y malos de la vida, pero una cosa es cierta: si el Señor Jesucristo está con nosotros en ese camino, ¡el éxito está asegurado!

Dios me dio vida y un propósito. ¡Viviré para cumplirlo!

Cuanto más dura es la batalla, mayor es la victoria

Mi abuela Julia siempre decía: «Cuanto más dura es la batalla, mayor es la victoria». Palabras sabias de una mujer sabia y consagrada. Como compartí anteriormente, podemos obtener la victoria en el campo de batalla de la mente si nos aferramos a lo que dice la Palabra de Dios. Comprender el poder de nuestros pensamientos no es complicado. Según lo que una persona piensa en su interior, así actúa. Somos la suma de nuestros pensamientos. Así como una planta brota de la semilla y no podría existir sin ella, lo que hacemos brota de las semillas ocultas en nuestros pensamientos.

Nuestros pensamientos no solo alimentan las acciones. sino también las emociones. Cuando nuestros pensamientos son predominantemente negativos y poco saludables estamos en riesgo de sufrir alteraciones emocionales, porque los pensamientos dañinos ejercen una fuerte influencia negativa. El alma atrae lo que desea, las cosas que ama y las que teme.

Solemos creer que podemos esconder los pensamientos en las profundidades de la mente, pero no es así. Decimos: «Son solo pensamientos ¿Cómo podrían afectar mi vida?». Pero de nuestros pensamientos surgen los patrones habituales de nuestra vida. Te invito a prestar atención al consejo que nos da Pablo en Filipenses 4:8: «Concéntrense en todo lo que es verdadero, todo lo honorable todo lo justo, todo lo puro, todo lo bello y todo lo admirable. Piensen en cosas excelentes y dignas de alabanza» (NTV). Decide hoy reemplazar los pensamientos negativos y dañinos por pensamientos piadosos.

Las preocupaciones nos debilitan y pueden enfermarnos físicamente; además, suelen estar asociadas a situaciones que escapan de nuestro control. Por ejemplo, es posible que disfrutes del trabajo que haces y te lleves bien con la mayoría de los colegas, pero el ambiente de trabajo de la empresa es tóxico. Como resultado, te bombardean pensamientos negativos, sientes que no haces un buen trabajo o temes ser despedida. Esos pensamientos son *engaños* del padre de la mentira, porque si Dios te dio ese trabajo en un determinado momento, también se encargará de cambiarte a otro mejor en el tiempo justo

Recuerda que Dios no te ha abandonado ni desamparado. Conseguiste ese trabajo, independientemente de tus habilidades o influencias, porque Dios te quería allí. Tu preparación y habilidades pueden haberte ayudado a poner un pie en la puerta, pero no fueron la fuerza que te impulsó a entrar. Fuiste colocada en esa posición con un propósito, así que intenta descubrir cuál es. Y en el tiempo correcto, Dios te guiará a la siguiente estación que tiene planeada para ti. Doquiera él te conduzca, allí proveerá. *Siempre*.

> **Hay un propósito para todo lo que sucede en tu vida. Pero la revelación llegará de forma retrospectiva; mirarás hacia atrás y recibirás la revelación.**
> **—T. D. Jakes**

Como creyente, puedo orar por mi situación para pedirle dirección a Dios y él me guiará. No importa si un compañero de trabajo hace un comentario negativo sobre mí, puedo superar los pensamientos negativos recordando lo que mi Padre dice que soy cuando permanezco en él. Dios es mi fortaleza y le dará lo suyo a todo el que pretenda levantarse contra mí.

Nuestra iglesia tiene un programa de discipulado llamado Fundamentos, que culmina con la celebración de un Día de Victoria en el que los líderes de la iglesia oran con los participantes. He estado en la iglesia toda mi vida, y participar del Día de Victoria ha sido una de las experiencias más extraordinarias de mi vida como cristiana. Ha renovado mi vida y mi esperanza en Dios y ha hecho que vea la vida de manera diferente.

Ese día me ha ayudado a cambiar mi actitud mental, a interpretar la vida a través del lente de Dios y no de mi visión distorsionada. Reconocí todas las bendiciones que Dios me ha dado: una hermosa casa que nunca imaginé tener, un trabajo que no solo me permitía pagar todas mis cuentas sino contribuir a causas dignas, dos hijos sanos y una extensa familia biológica y espiritual que me demuestra amor incondicional. En lugar de detenerte a pensar en lo que no tienes o en lo que salió mal, tómate un tiempo cada día para agradecer por lo que funciona bien en tu vida y por todo lo hermoso que hay en ella. Nunca más permitas que el enemigo te bombardee con «pensamientos desagradables». Tales pensamientos solo sabotean tu presente y tu futuro.

La mente, el lugar donde se asientan las emociones, es capaz de atraer a tu vida lo que piensas. Puedes vencer la fuerza de atracción de tus pensamientos negativos con el poder de la Palabra escrita, declarando lo que Dios opina de ti y lo que significas para él. Las siguientes ideas te pueden ayudar a tener eso presente:

1. Coloca a la vista notas adhesivas con versículos clave y palabras de afirmación cada vez que sientas que se aproxima un ataque. Por ejemplo, si algo te hace sentir inferior, recuerda que la Biblia dice que los hijos de Dios son «cabeza y no cola» (Deut. 28:13).

2. Ora. La oración es una oportunidad para comunicarte en forma íntima y abierta con Alguien que te ama profundamente y desea estar cerca de ti. No le pongas límite al tiempo dedicado a la oración, date la oportunidad de escuchar lo que Dios quiere decirle a tu corazón. Sabrás que es su respuesta, porque sentirás una paz maravillosa sobre lo que antes te inquietaba.

3. Rompe los lazos con cualquier per-

sona que le reste a tu vida. Fortalece las relaciones con quienes te aportan, con quienes te animan cuando estás deprimida.

Eres bendecida y muy favorecida por Dios. Ten en cuenta que cuanto mayor sea la batalla, más grande será tu victoria. Mantente en la «posición de lista» en medio de la batalla y prepárate para seguir adelante.

¡Ponte de pie!

¿Cuántas veces has escuchado la frase: «Levántate y sigue adelante»? Aquellos que trabajan (o han trabajado) en el mundo corporativo, saben muy bien que hay una jungla allá afuera en la que solo los más fuertes sobreviven. Pero si reconocemos a Dios como nuestro jefe, aquello que nos estresa en el lugar de trabajo palidece comparado con su poder, y a su debido tiempo él nos exaltará.

Por lo tanto, si tienes luchas en el trabajo, primero reconoce que Dios es tu jefe. Luego, trata a tus empleadores con el respeto que merecen, como lo indica la Biblia:

> «Esclavos, obedezcan a sus amos terrenales con profundo respeto y temor. Sírvanlos con sinceridad, tal como servirían a Cristo. Traten de

agradarlos todo el tiempo, no solo cuando ellos los observan. Como esclavos de Cristo, hagan la voluntad de Dios con todo el corazón. Trabajen con entusiasmo, como si lo hicieran para el Señor y no para la gente. Recuerden que el Señor recompensará a cada uno de nosotros por el bien que hagamos, seamos esclavos o libres».

—Efesios 6:5–8, NTV

Nada es más difícil que «obedecer» a un jefe mediocre. Hay gente que simplemente no debería dirigir a otras. Lamentablemente, cuando no tenemos otra opción de trabajo y necesitamos una fuente de ingresos, nos toca tolerar situaciones difíciles.

Recuerdo que en una época, la gerente del departamento donde trabajaba me odiaba tanto, que si las miradas mataran yo habría caído fulminada. Nunca supe sus razones, porque hacía mi mejor trabajo e iba más allá cuando se me asignaba una tarea o se me pedía que hiciera algo. Finalmente, se presentó una oportunidad de promoción para mí en el departamento. Aunque significaba tratar directamente con esa gerente que me odiaba con vehemencia, yo estaba dispuesta a asumir el desafío con tal de hacer lo que me gustaba y obtener un aumento de salario.

Para ese tiempo, llegó una trabajadora contratada que, aunque no producía, tenía facilidad de palabra, así que de inmediato la impresionó. Seis meses después, la contratada obtuvo el cargo al que yo había aspiraba, a pesar de que yo estaba claramente más calificada y tenía más conocimiento institucional. Para empeorar la injusticia, ahora no solo debía rendirle cuentas, sino entrenarla para su nuevo trabajo. Y para coronar el insulto, la gerente que me odiaba programó una auditoría anual para buscar una excusa para despedirme.

El día de la auditoría, quedé completamente sorprendida, porque la gerente hizo referencia a incidentes que nunca sucedieron. Además, mencionó ocasiones en las que no me presenté a actividades departamentales que se realizaron antes o después de las horas de trabajo, alegando que mis ausencias denotaban una falta de solidaridad con el resto del equipo. Fui advertida de quedar bajo un período de prueba de noventa días. Quedé sin aliento, como si hubiera recibido un fuerte golpe en el estómago.

El trabajo del Espíritu Santo es convencer. El mío es amar.

Ese día salí del trabajo agitada y lloré todo el camino de regreso a casa. ¿Qué haría si me despedían?

Necesitaba subsistir y mantener a mis dos hijos. Mi salario era nuestra única fuente de ingresos.

Cuando llegué a casa, estaba tan perturbada que mis hijos no sabían cómo reaccionar. Entré en pánico. Recuerdo que llamé a una amiga asesora de recursos humanos para explicarle la situación. Su consejo fue: «Será mejor que comiences a arreglar tu currículum porque prácticamente estás fuera».

Esa noche asistí al grupo pequeño de damas de la iglesia y les pedí que me apoyaran en oración por mi situación laboral. Los meses siguientes, continué entrenando a la contratada, rindiéndole cuentas, haciendo mi trabajo y orando continuamente.

Durante ese tiempo, Dios comenzó a cambiar mi corazón y la forma en que veía el lugar de trabajo. Un día, mientras conducía del trabajo a la casa, escuché en mi corazón: «Ve a la tienda y compra una tarjeta de felicitación (para la contratada), por su ascenso». Recuerdo que pensé: *¿Acabas de hablarme, Dios? ¡Tienes que ser tú, porque no hay manera de que vaya a felicitarla, mucho menos comprarle una tarjeta por haber obtenido un cargo que debía ser para mí!* Sostuve una fuerte discusión unilateral con Dios durante todo el camino hacia la tienda. Podía imaginarlo mirándome y sacudiendo la cabeza como diciendo: «Lillian, ¡yo te amo!». Entré a la tienda y compré la tarjeta.

Otro secreto para tener éxito en el lugar de trabajo es: «Humíllense, pues, bajo la poderosa mano de Dios, para que él los exalte a su debido tiempo» (1 Ped. 5:6, NVI). ¡Cuanto más te humillas ante Dios y ante los hombres, más alto te elevará Dios a su debido tiempo! Seguramente estarás pensando: «Por supuesto que puedo humillarme ante Dios, pero ¿cómo voy a humillarme ante un jefe o compañero de trabajo que me insulta?».

Nuestro trabajo consiste en colocar a los demás primero, sin preocuparnos por «nuestro asiento en la mesa». Si asumimos esa actitud, a su debido tiempo Dios hará que nuestros colegas comiencen a respetarnos, aunque no tengan que rendirnos cuentas oficialmente, porque pronto se darán cuenta de que nos motiva un interés sincero. Nos convertiremos en líderes, incluso sin el título oficial, y cuando menos lo esperemos llegará la promoción.

¿Quieres saber cómo terminó lo de la tarjeta y la contratada? Verás: al día siguiente, antes de entrar a la oficina, oré para que la tarjeta surtiera un buen efecto. Cuando la chica llegó, me acerqué a su escritorio y se la entregué.

«Es para ti, como felicitación por conseguir el puesto», le dije.

Ella abrió los ojos y me miró absolutamente desconcertada. «Gracias», dijo tímidamente.

Esperé a que leyera la tarjeta. Cuando terminó, estaba tan conmovida por las palabras de la tarjeta, que casi llora. Le pregunté si podía darle un abrazo de felicitación y ella estuvo de acuerdo. En ese momento, sentí que algo se rompía instantáneamente en la atmósfera. Los sentimientos negativos que flotaban en el aire desaparecieron. A partir de ese día, nos hicimos buenas amigas, ¡y finalmente ella me defendió ante la gerente que intentaba despedirme!

Había ganado una aliada y una amiga. Pero mi más grande defensor fue Dios, que no permitió que nadie me sacara del trabajo hasta que dispuso uno mejor. El otro giro de la trama fue que también obtuve el apoyo del director general, cuando descubrió lo que había sucedido. Él también vino en mi defensa. Cuando mi tiempo en la empresa terminó, me retiré voluntariamente, porque había conseguido un puesto mejor en otra organización.

Así que, ¡Anímate! Sigue haciendo lo mejor que puedas, con sincera humildad, sabiendo que tu ascenso depende únicamente de Dios. A su debido tiempo, él actuará para cumplir tus sueños más ambiciosos.

No permitas que tus acciones definan lo que eres.

Permite que las diferentes situaciones que enfrentes te refinen, no que te definan.

Apóyate en Dios

Necesitamos llevar cautivos nuestros pensamientos a la obediencia a Cristo y esforzarnos por no dar lugar a pensamientos negativos. En 2 Corintios 10:5, Pablo anima a los creyentes de Corinto a «derribar argumentos y toda altivez que se levanta contra el conocimiento de Dios, y *llevar cautivo todo pensamiento a la obediencia a Cristo*» (énfasis añadido).

Al leer este versículo, algunos piensan que deben dejar de ingerir medicamentos contra la ansiedad o la depresión, y en su lugar tomar cautivos los pensamientos. No estoy sugiriendo eso. *Por favor, no suspenda ningún medicamento sin el consejo de su médico.* Sin embargo, creo que muchas veces las enfermedades mentales prosperan porque nos enfocamos en nuestras circunstancias, o en lo que vemos, en lugar de ejercer la fe para creer lo que no vemos.

Sé que suena muy fácil decirlo, especialmente si estás enfrentando depresión o ansiedad, pero la calidad de tu vida puede mejorar si le entregas tus ansiedades a Dios cada día, incluso mientras las experimentas. Cuando sientas que el miedo, la preocupación o la depresión se aproximan, haz una pausa y ora. Esa es la mejor manera de superar esos desafíos a pequeña escala.

Definitivamente, apoyarse en Dios es la única forma de superar un ambiente de trabajo hostil. Como dice el Salmo 37:6: Él «hará que tu justicia resplandezca como el alba, tu justa causa como el sol de mediodía» (NVI). No es algo fácil de lograr, porque nuestra naturaleza humana quiere tomar represalias y defenderse, pero debes aprender a hacerte a un lado en el camino y dejar que Dios pelee por ti.

¿Recuerdas por lo que pasé y cómo la gerente intentó que me despidieran? Al final, el director de la compañía salió en mi defensa, y en el tiempo de Dios me cambié a un trabajo mejor. Solo Dios podía orquestar un plan así.

Ya sea que hayas sufrido el dolor de enemistarte con un familiar o amigo, o que hayas perdido un ser amado, probablemente has experimentado pensamientos de arrepentimiento: «Si tan solo hubiera». Hay muchas cosas en tu vida que desearías haber hecho de manera diferente, pero no permitas que el arrepentimiento te defina. No eres una fracasada o una perdedora. Simplemente eres un ser humano que tomó una mala decisión o que sobrelleva las consecuencias del proceder desafortunado de otra persona. En lugar de permitir que el miedo te paralice, deja que la situación te impulse a avanzar con fe.

Del miedo a la fe

El miedo es una emoción muy poderosa. En la vida nos toca enfrentar situaciones sobre las que tenemos poco o ningún control. No saber lo que nos espera puede generar temor, hacernos sentir expuestas, indefensas y preguntarnos: *¿Qué me pasará? ¿Cómo podré hacer esto sola?* El miedo es una de las herramientas más destructivas de Satanás. Hace que la gente retroceda acobardada a su esquina y ahoga toda racionalidad. Confunde las aguas en nuestra relación con Dios, porque nos hace olvidar su fidelidad en el pasado.

Enfrentar los desafíos físicos, tangibles, es una tarea difícil; pero las ondas emocionales que nos envuelven pueden contribuir a darnos la estocada final. Sin embargo, Dios siempre proporciona una vía de escape. El Salmo 34:4 dice: «Busqué a Jehová y él me oyó, y me libró de todos mis temores».

Cuando alimentamos nuestros miedos, podemos caer en la desesperación. Cuando alimentamos nuestra fe, caemos en el abrazo reconfortante de un Padre amoroso que neutraliza las emociones amenazantes.

Dios no desea que nos domine un espíritu de miedo, sino de amor y de poder. Desea que tengamos una mente sana, capaz de resistir la tentación (Ver 2 Tim. 1:7). Por muy oscuras que parezcan las circunstancias que tengamos que enfrentar, nuestra mayor arma contra el miedo es la paz de Dios. Jesús dijo:

> «Les dejo un regalo: paz en la mente
> y en el corazón. Y la paz que yo doy
> es un regalo que el mundo no puede

dar. Así que no se angustien ni tengan miedo».

—Juan 14:27, NTV

Dependiendo de la versión, la palabra *paz* puede aparecer entre 200 y 465 veces en la Biblia. Por ejemplo, en la Nueva Traducción Viviente, aparece 362 veces. Eso equivale a un versículo para casi todos los días del año. En otras palabras, no tienes por qué pasar un día sin reclamar la paz de Dios para tu vida. El enemigo quiere que actúes con miedo, pero Dios te llama a actuar con fe.

El enemigo quiere que actúes con miedo, pero Dios te llama a actuar con fe.

Es propio de la naturaleza humana sentir temor por lo que está más allá de nuestro control. Pero en realidad, no fuimos creadas para tener siempre el control, si así fuera, ¡sería un desastre todo el tiempo! Dios nos pide que le entreguemos el control, no para dominarnos como esclavas, ¡sino porque quiere lo mejor para sus hijas!

De acuerdo con las circunstancias y las etapas de la vida, tenemos diferentes responsabilidades y prioridades. Las mías, como madre soltera que trabaja son diferentes a las de mis amigas casadas o solteras sin hijos. Independientemente de nuestras circunstancias actuales: cuidar de nuestros padres ancianos, criar hijos, seguir una carrera profesional; necesitamos saber que todos nuestros desafíos forman parte de la preparación para un plan mayor. Todas fuimos creadas a imagen de Dios y somos increíblemente especiales, amadas y valiosas.

Dios tiene un propósito y un plan para tu vida que solo *tú* puedes lograr. ¡Esa es la verdad!

Plan para la guerra de la información

¿Algo está impidiendo que experimentes la paz últimamente? Medita en las porciones de las Escrituras sugeridas para esta semana y declara en voz alta que la paz reina sobre ti.

Versículos bíblicos recomendados para cada día:

- Día 1: Juan 14:26–27
- Día 2: Isaías 26:3
- Día 3: Juan 16:33
- Día 4: Filipenses 4:6–7
- Día 5: 1 Corintios 14:33
- Día 6: Isaías 53:5
- Día 7: Salmo 122

Además de todo esto, tomen el escudo de la fe, con el cual pueden apagar todas las flechas encendidas del maligno.
—Efesios 6:16, NVI

Capítulo 5

Toma tu escudo

Otra arma en el arsenal de la Mujer Maravilla es su escudo, con el que puede desviar cualquier artillería que pudiera amenazar directamente su vida. En una de mis escenas favoritas de la película del 2017, Diana ignora todos los consejos, revela su armadura, sube una escalera y se lanza a la batalla en la Tierra de Nadie. ¡Guaoo! Mientras los soldados alemanes la atacan con sus municiones, ella usa su escudo para mantenerse firme, recibiendo cada ataque para ayudar a los soldados aliados. Luego continúa avanzando, manteniéndose al frente, para ayudar a los aldeanos que estaban atrapados detrás de las líneas enemigas.

En una batalla, el escudo es un arma ofensiva y defensiva, destinada principalmente a proteger a un guerrero de los ataques y salvaguardarlo mientras enfrenta el fragor de la lucha. Efesios 6:16 dice: «Además de todo esto, tomen el escudo de la fe, con el cual pueden apagar todas las flechas encendidas del maligno». Con la palabra «además» Pablo procuraba hacer entender a los creyentes de Éfeso, que si bien la fe era una parte muy importante de su armamento, también necesitaban de las otras piezas para complementarla.

La fe es absolutamente esencial si queremos mantenernos firmes contra la tentación o «las flechas encendidas del maligno». Mientras que la coraza de la justicia protege nuestros órganos vitales, especialmente el corazón (el alma), el escudo de la fe sirve para desviar los pensamientos y las palabras negativas (pronunciadas de frente o a nuestras espaldas), así como las tentaciones que nos golpean de manera directa o indirecta.

La fe es fundamental para el caminar del creyente con Dios. ¿Por qué? Porque «sin fe, es imposible agradar a Dios. Todo el que desee acercarse a Dios debe creer que él existe y que recompensa a los que lo buscan con sinceridad» (Heb. 11:6, NTV).

La fe amortigua todos los ataques contra nuestro cuerpo, nuestra mente y nuestro ser. Con ella podemos vencer todas las tentaciones que se nos presentan. El escudo de la fe puede interceptar ataques espirituales específicos y bloquearlos activamente, aunque el enemigo se haya acercado mucho en el combate. La Biblia dice:

> «Dios es mi escudo, quien salva a los de corazón recto y sincero. Dios es un juez honrado; todos los días se

> enoja con los malvados. Sí una persona no se arrepiente, Dios afilará su espada, tensará su arco y le pondrá la cuerda. Preparará sus armas mortales y disparará sus flechas encendidas».
>
> —Salmo 7:10–13, NTV

El propósito del escudo de la fe es extinguir las «flechas encendidas», los pensamientos y las acciones que dan lugar al miedo y la duda, que son la antítesis de la fe. La fe es creer lo que no podemos ver. Es confiar en lo que no podemos ver en forma material. Es caminar en obediencia, incluso cuando lo que Dios ha dicho no tenga sentido aparente. No es necesario entender completamente lo que Dios quiere que obedezcas de inmediato. Sus planes algunas veces parecen vagos, pero no porque esté intentando jugar con nosotras, sino porque si viéramos la imagen completa, probablemente correríamos en dirección opuesta. Caminar en la dirección de Dios requiere una palabra: confianza. La confianza es el resultado de creer con fe que Dios quiere lo mejor para nosotras.

> **Lo más hermoso de esta aventura llamada fe, es que podemos confiar en que Dios nunca dejará que nos desviemos.**
> —Chuck Swindoll

Avanzar hacia tu propósito significa alejarte de la seguridad. Eso es fe en acción.

Avanza más allá del dolor

Mantenerse en pie de lucha durante un determinado período puede producir un fuerte desgaste emocional y espiritual. Y cuando la fuerza espiritual disminuye, inevitablemente comienzas a perder la fe y la esperanza. Sin embargo, Proverbios 31:25 dice: «Fuerza y dignidad son su vestidura, y sonríe al futuro» (NBLA). Puede que en el momento no estés sonriendo, pero lo estarás en el futuro. Dios tiene la capacidad de reconstruir la esperanza, la fortaleza y la fe. Es fiel para enseñarte nuevas formas de confiar plenamente en él. A quienes enfrentan una pérdida les dice: «¡Quédense quietos, reconozcan que yo soy Dios!» (Sal. 46:10, NVI). En teoría suena fácil, pero grandes cosas resultan de las aparentes pérdidas que experimentan aquellos que confían en Dios.

De nada sirve permanecer estancadas en un mar de suposiciones, como: «Qué habría pasado si...», o: «Si tan solo yo hubiera...», o acumulando emociones negativas. Debemos acostumbrarnos a llevar a Dios nuestras aflicciones, preguntas y emociones negativas y permitirle que las use como un combustible que en lugar de dañarnos nos beneficie. Superar las dificultades y seguir adelante puede ser difícil, pero si permitimos que Dios trabaje en nuestro corazón a través de las circunstancias, los resultados, sean grandes o pequeños, serán para la gloria de su nombre. Dios puede usar absolutamente cualquier situación para bendecir tu vida y la de otros. Pídele que te ayude a desarrollar el valor y la fe que necesitas para avanzar más allá del dolor.

Pídele que te ayude a hacer los cambios que tu corazón y tu actitud necesitan para complacerlo. Algunas veces te sentirás débil, pero recuerda que en tu debilidad él es fuerte y te sostiene (2 Cor. 12:9-10). Cuando amas a Dios y quieres agradarlo, él es fiel y te ayuda a enderezar tu camino.

Una fe absurda

Algunas veces nuestras circunstancias ameritan una fe absurda. ¿A qué me refiero con «absurda»? Supongo que podría entrar en detalles técnicos para darte la definición de la palabra *absurdo*, pero no es eso lo que pretendo aquí. Estoy hablando de tener ese tipo de fe que te impulsa a salir del bote para caminar en el agua, como lo hizo Pedro en Mateo 14:22–33.

Piensa en algo por lo que has estado orando. ¿Por qué todavía no se ha materializado la respuesta a esa oración? La respuesta solo Dios la sabe, y quizás no se hace evidente porque lo que tienes en mente y lo que Dios quiere lograr a través de ti son dos cosas diferentes. El Señor dijo:

> «Mis pensamientos no se parecen en nada a sus pensamientos. […] Y mis caminos están muy por encima de lo que pudieran imaginarse. Pues así como los cielos están más altos que la tierra, así mis caminos están más altos que sus caminos y mis pensamientos más altos que sus pensamientos».
>
> —Isaías 55:8–9, NTV

Sus pensamientos y sus caminos son más altos que los tuyos. Confía, porque Dios trabajará mucho más allá de los límites de tu nivel de fe actual. ¡A él le interesa la fe que se lleva a la acción! Está interesado en las personas que tienen fe y que confían en que él hará lo que prometió. El problema es que la mayoría de las veces nuestra fe es muy limitada.

Analicemos el ejemplo de Felipe. Cuando Jesús le preguntó cómo podían alimentar a la gran multitud que se había reunido para escucharlo, Felipe vio limitaciones, pero Jesús vio una oportunidad para que su fe creciera.

> «Cuando Jesús alzó la vista y vio una gran multitud que venía hacia él, le dijo a Felipe: "¿Dónde vamos a comprar pan para que coma esta gente?". Esto lo dijo solo para ponerlo a prueba, porque él ya sabía lo que iba a hacer.
>
> »"Ni con el salario de ocho meses podríamos comprar suficiente pan para darle un pedazo a cada uno", respondió Felipe.
>
> »Otro de sus discípulos, Andrés, que era hermano de Simón Pedro, le dijo: "Aquí hay un muchacho que tiene cinco panes de cebada y dos pescados, pero ¿qué es esto para tanta gente?".
>
> »"Hagan que se sienten todos, ordenó Jesús".
>
> »En ese lugar había mucha hierba, así que se sentaron, y los varones adultos eran como cinco mil. Jesús tomó entonces los panes, dio gracias y distribuyó a los que estaban senta-

dos todo lo que quisieron. Lo mismo hizo con los pescados».

—Juan 6:5-11, NVI

Jesús estaba probando la fe de Felipe. Él sabía muy bien el milagro que iba a realizar para multiplicar la comida del niño, pero quería que por fe Felipe viera más allá de las limitaciones físicas obvias. Lamentablemente, Felipe no pasó la prueba. Le tocaba reparar la materia en verano. En cambio, Andrés, otro de los discípulos, vio una oportunidad donde Felipe vio limitaciones.

Andrés no solo vio una oportunidad para que Jesús suministrara alimentos a la multitud, sino que también puso su fe en acción y trajo ante Jesús al niño que tenía cinco barras de pan y dos peces pequeños. Por supuesto, eso no era nada para alimentar a unos cinco mil hombres (sin contar las mujeres y los niños). Pero en las manos de Dios, hasta un combo de Long John Silver (como suele decir mi pastor), se puede multiplicar para satisfacer las necesidades de todos.

Una conquista que no enfrente los problemas es una falsa victoria. Hay que enfrentar los problemas y conquistar esas áreas para experimentar la verdadera victoria. —T. D. Jakes

Dios dice: «Muéstrame tu fe, y yo te mostraré mi fidelidad».

Cuando Dios parece guardar silencio

¿Te has preguntado por qué a veces Dios no nos responde en momentos de gran necesidad? Una razón puede ser porque, voluntariamente, continuamos pecando y menospreciando la sabiduría. Dios intenta llamar nuestra atención, pero somos rebeldes y decidimos seguir en la dirección equivocada.

Necesitamos tomar en cuenta la seria advertencia que Dios nos hace en el primer capítulo de Proverbios. Allí nos insta a escuchar la Sabiduría.

> «La sabiduría hace oír su voz en las calles; clama en la plaza. La sabiduría clama a los que están reunidos

> frente a la entrada de la ciudad y a las multitudes por la calle principal: Simplones, ¿hasta cuándo insistirán en su ignorancia? Burlones, ¿hasta cuándo disfrutarán de sus burlas? Necios ¿Hasta cuándo odiarán el saber? Vengan y escuchen mi consejo. Les abriré mi corazón y los haré sabio».
>
> —Proverbios 1:20–23, NTV

Cada vez que pasamos por un problema que nos afecta debido a nuestras malas elecciones, tenemos que admitir que nuestro dolor es prácticamente autoinfligido. Nuestro sufrimiento generalmente se debe a un pecado continuo y voluntario, porque en algún momento elegimos apartar nuestro corazón de Dios y satisfacer nuestras necesidades y deseos sin tomar en cuenta su voluntad.

Piénsalo. Solo Dios puede satisfacer verdaderamente las necesidades de nuestro corazón, pero nosotros preferimos llenarlo con falsificaciones. Fuimos creados con la necesidad interior del amor y el compañerismo genuinos de Dios, pero muchas veces pretendemos suplir esa necesidad a través de relaciones ilícitas, distracciones y adicciones.

El único que realmente puede satisfacer nuestro ser es Aquel que nos creó.

> **No confundas una demora con tu destino. El hecho de que haya una demora en tu vida no significa que fuiste desechado. A veces algunas personas pierden su destino porque no son capaces de sobrellevar el proceso. Sobrelleva el proceso para que puedas alcanzar tu destino.**
> —T. D. Jakes

Ya lo había mencionado, pero creo que vale la pena repetirlo: si en algún momento descubrimos que estamos transitando por el camino equivocado, demos un frenazo y demos la vuelta. Necesitamos dejar el pecado, arrepentirnos, comenzar a obedecer a Dios y cambiar por completo de dirección, para seguir la voluntad de Dios.

Pídele a Dios que te revele todo aquello que hay en tu vida que él no aprueba. Todo lo que quebranta el corazón de Dios necesita quebrantar también tu propio corazón. Puedes hacer todos los cambios necesarios, con las fuerzas de Cristo (Fil. 4:13). Si hay pecado en tu vida, Dios puede darte el poder necesario para liberarte de lo que te ata y comenzar de nuevo.

Una fe auténtica

A mí me encantan los «diamantes chocolate», tal vez porque su color me recuerda uno de mis dulces favoritos: el chocolate. La verdad es que estas piedras preciosas son diamantes de color marrón. La empresa LeVian® registró el nombre Chocolate Diamond® para describir estas piedras de una manera más deseable y que aumentara su valor.[1] Fue una estrategia de mercadeo inteligente, porque la palabra chocolate siempre evoca pensamientos de riqueza y lujo; en cambio, la combinación de diamante con la palabra marrón hace pensar en algo sucio, de baja calidad y menos valioso.

Los diamantes marrones se encuentran principalmente en lugares como Australia, Angola, Borneo, Brasil y el Congo.[2] De hecho, estos diamantes pueden ser tan hermosos y transparentes como los diamantes blancos comunes. El hecho de que sean marrones no disminuye su autenticidad. El color de un diamante no es motivo de preocupación para su dueño: siempre es hermoso, aunque tenga algunas imperfecciones.

Nosotros, al igual que los diamantes marrones, no necesitamos ser perfectos para exhibir una fe auténtica. De hecho, nuestros defectos nos validan como auténticos. Si nos representáramos como perfectos nos estaríamos declarando falsos.

Puedes presentarte aparentemente impecable delante de los demás, proyectando una versión editada de ti misma. De hecho, en el mundo actual de las redes sociales, esa es la norma. Hay aplicaciones para eliminar imperfecciones, arrugas, ¡incluso para lucir más delgada!

Pero la realidad es que nadie es perfecto, excepto Dios. Deja que él llene los vacíos de tu vida. Donde te sientas limitada, él es más que capaz. Donde sientas carencias, él es más que suficiente. Donde luchas para encontrar un equilibrio, su gracia es abundante.

El Señor le declaró al apóstol Pablo: «Te basta con mi gracia, pues mi poder se perfecciona en la debilidad» (2 Cor. 12:9, NVI). A lo que él responde en el mismo versículo: «Por lo tanto, gustosamente haré más bien alarde de mis debilidades, para que permanezca sobre mí el poder de Cristo». Él es fiel para revelarse a través de tus imperfecciones, así que no necesitas ocultarlas. La fe auténtica no busca encubrir sus imperfecciones y debilidades, antes, por el contrario, entiende que son las oportunidades que Dios elige para revelarse por medio de nosotros.

Deja de esconderte del mundo real. Ten la valentía de ser tú misma, fiel a lo que Dios quiere que seas. En un mundo lleno de personajes con una imagen fabricada cuidadosamente, deshazte de la fachada, porque el valor real no está en que otros te vean como perfecta, sino en que vean la gracia de Dios revelada en tus imperfecciones.

Presiona el botón de reinicio

¿Sabías que las personas también tienen un botón de reinicio? Yo no lo supe sino hasta el día en que presencié una «discusión» entre una pareja de esposos.

La esposa parloteaba y la mandíbula del marido se volvía cada vez más tensa con cada palabra que ella pronunciaba. La mujer no se detenía ni para tomar aire, y mucho menos le daba oportunidad de hablar a él. Sin notar la irritación de su esposo, ella saltaba de un tema a otro y de vez en cuando le preguntaba: «Cariño, ¿escuchaste lo que dije? ¡Será mejor que me escuches!».

El pobre hombre miraba hacia el espacio, mientras la esposa continuaba su perorata sin sentido. Finalmente, cuando tuvo suficiente, el esposo se levantó de la silla, caminó hacia su esposa y con mucha delicadeza colocó el dedo índice en el centro de la frente, lo presionó y volvió a sentarse en su sillón.

Aturdida por su reacción, la esposa dejó de hablar. Después de unos segundos, lo miró y le dijo suavemente: «¿Por qué hiciste eso?». Manteniendo una actitud tranquila, él la miró y dijo: «Querida, la conversación no iba hacia ninguna parte, así que pensé que si presionaba el botón de reinicio, podríamos comenzar de nuevo y ambos hablaríamos».

¡Morí de la risa!

Pero, honestamente, ¿cuántas veces nos enfrascamos tanto en nosotras mismas que olvidamos hacer una pausa para escuchar a los demás, o para escuchar lo que Dios está tratando de decirnos?

Durante un servicio de la iglesia, un domingo en la tarde, yo estaba sirviendo en el ministerio de comunicaciones. El pastor estaba dirigiendo una serie llamada «Re*Comenzar». Ese domingo era la tercera semana de la serie, y el sermón se titulaba «Re*Novar». Explicaba que la palabra renovar proviene del término griego *anakainoō*,[3] que significa *regeneración* y *renovación*.

Refiriéndose a Colosenses 3:10, comentó que necesitamos aprender a desarrollar una nueva naturaleza, y nuestras fuerzas serán renovadas. Ese proceso es necesario para asemejarnos a Jesús. No permitimos que las situaciones nos agobien, sino que por el contrario, salimos victoriosos. No logramos esto con nuestra propia fuerza, sino con la de Dios. Pero necesitamos mantenernos firmes, independientemente de la situación.

En una oportunidad, David oró: «Crea en mí oh Dios un corazón puro y renueva un espíritu firme dentro de mí» (Sal. 51:10, RVA2015). Y en Isaías 40:31, leemos: «Los que confían en el Señor renovarán sus fuerzas; volarán como las águilas: correrán y no se fatigarán, caminarán y no se cansarán» (NVI).

Cuando te sientas cansada, mantente firme en la fe, descansa en Dios y permite que él renueve tus fuerzas. ¡Descansa, reina!

Plan para la guerra de la información

¿Cuándo fue la última vez que invitaste al Espíritu Santo a hablar contigo y lo escuchaste activamente? ¿Qué resultados notaste cuando activaste tu fe?

Versículos bíblicos recomendados para cada día:

- Día 1: Isaías 40:29
- Día 2: Lucas 5:17–20
- Día 3: Salmo 57:7
- Día 4: Santiago 1:2–3
- Día 5: Santiago 4:7
- Día 6: Hebreos 11
- Día 7: Josué 10

*Tomen el casco de
la salvación.*
—Efesios 6:17, NVI

Capítulo 6

Una reina en entrenamiento

En la serie de televisión La Mujer Maravilla, me encantaba ver a Lynda Carter quitarse la tiara de la cabeza, arrojársela al enemigo y que esta luego regresara a ella como un búmeran. La tiara dorada no es propiamente uno de sus puntos débiles, pero no está allí para proteger su cabeza, lo que la hace algo vulnerable a posibles daños.

Mientras escribía este libro, tuve la oportunidad de visitar Grecia, un hermoso país lleno de gente encantadora, con una rica cultura y una amplia historia. Durante la visita a la antigua ciudad de Olimpia, recorrí un museo que resguarda sus reliquias, incluyendo armas y armaduras antiguas. Aprendí que el casco de bronce «Corintio» fue el más utilizado en los períodos arcaico y clásico temprano. Con el tiempo, los griegos ajustaron los detalles anatómicos del casco para que se adaptara mejor a la cabeza del guerrero.

Al igual que los antiguos guerreros griegos, la armadura del cristiano también incluye un casco: el casco de la salvación. Esa pieza sirve para proteger nuestra «cabeza», que podemos interpretar principalmente, como nuestra relación con Dios y, en segundo lugar, como nuestro hogar. Si la cabeza resulta herida en la batalla, el resto del cuerpo no puede funcionar. Del mismo modo, si nuestra relación más crucial se daña, todo en nuestra vida, incluyendo cualquier otra relación, se verá afectado. Somos reinas en entrenamiento, y como tales debemos proteger y manejar cuidadosamente nuestra salvación y nuestra relación con Dios.

Mi Reina

Cuando mi hija cumplió 16 años, la sorprendí con una joya: un anillo de oro rosado con pequeños cristales. Ella lo había estado mirando durante meses antes de su cumpleaños y me había estado lanzando indirectas de que lo quería. Sabía cómo conseguir que finalmente se lo comprara. Pero no lo compré precisamente para satisfacer sus deseos: el anillo estaba destinado a simbolizar que ella es mi pequeña «reina en entrenamiento».

Una reina en entrenamiento

Es común que los padres se refieran a sus hijas como «sus princesitas». En la cultura latina, es común escuchar que alguien se refiera a una mujer como *mi reina, debido* al valor que se le atribuye. Pero una princesa no siempre hereda el reino y se convierte en reina. La intención del regalo para mi hija, era que ella supiera que se está entrenando, como todas las hijas de Dios, para heredar algún día el reino de su Padre. Ella es una «reina en entrenamiento», y su Padre, el Rey de reyes y Señor de señores, la está moldeando para que algún día herede el reino que él le prometió como hija suya (ver 1 Corintios 6:9–11.)

La promesa también es para ti, pero ¿realmente crees en ella? ¿Cuán profunda es tu fe? ¿Te das cuenta de que tu padre posee ganado en mil colinas (Salmo 50:10) y que recibirás todo eso por herencia? Jesús pagó el precio de nuestra salvación, y es nuestra responsabilidad aferrarnos a ella «con temor y temblor» (Fil. 2:12). Ahora bien, no malinterpretemos el significado de este texto. No se trata de sentir miedo de Dios ni de ninguna otra cosa en el camino que él nos invita a recorrer. Ese temor es una expresión de santa reverencia o respeto. Medita en esto. El Creador del universo, el que trajo los cielos a la existencia, bajó a la tierra en forma humana y sufrió la muerte que nosotros merecíamos, para que nosotros pudiéramos experimentar una vida abundante.

Cuando aprendes a confiar tu vida a Dios, los ojos de tu mente se abren a una dimensión completamente diferente que no podrías experimentar de ninguna otra manera.

Como creyentes, entendemos que Dios nos ha llamado a ser diferentes al mundo. La forma en que vivimos y pensamos debe ser diferente y, en parte, el uso del casco de la salvación implica desarrollar una mente como la de Cristo (Fil. 2:5). El verdadero poder de la transformación radica en hacer nuestra la mente de Cristo, para un día gobernar y reinar con él. Esa es nuestra herencia como hijas de Dios y específicamente, como reinas en entrenamiento. Esa es la salvación por la que luchamos: queremos formar parte del reino como coherederas con Cristo.

> «Y si somos [sus] hijos, [también] somos [sus] herederos; herederos de Dios y coherederos con Cristo [compartiendo su bendición espiritual y su herencia], pues si ahora sufrimos con él, también tendremos parte con él en su gloria».
>
> —Romanos 8:17, NVI

Independientemente de los ataques del enemigo, independientemente de cuán intensa sea la batalla, podemos descansar confiadas, sabiendo que si permanecemos en él, finalmente obtendremos la victoria, y seremos recompensadas con una corona.

> «He peleado la buena batalla, he acabado la carrera, he guardado la fe. Por lo demás, me está guardada la corona de justicia, la cual me dará el Señor, Juez justo, en aquel día; y no solo a mí, sino también a todos los que aman su venida».
>
> —2 Timoteo 4:7–8

Tomemos cada día la decisión consciente de usar la mente de Cristo en todo lo que decimos y hacemos. Eso no significa que no tropezaremos en algún momento, pero cuando eso suceda, nos levantamos y decidimos seguir viviendo para él. Se trata de un proceso continuo, no de un acontecimiento único.

Como parte de nuestro proceso de conversión, meditemos en la Palabra de Dios, sigámosla (Heb. 10:16) y permitamos que transforme nuestra mente (Rom. 12:2). Si lo hacemos, dejaremos de lado la mentalidad del hacha de guerra que nos induce a actuar a nuestra manera, y aprenderemos a actuar a la manera de Dios.

Deshazte de la mentalidad del hacha de guerra

Por favor, sígueme cuidadosamente en esta sección. Algo que ninguna educación, asesoramiento o discipulado ha podido nunca enseñar a las mujeres, es cómo dejar de molestar y mortificar a los hombres. Es a eso que me refiero con la frase «mentalidad del hacha de guerra», ¡la idea de que si los hombres de tu vida no hacen lo que dices o saltan tan alto como quieres, rodarán cabezas!

Cierto adagio describe a las mujeres como una vieja hacha de guerra. ¿Sabes por qué? Por Efesios 6:17. Si un soldado romano no llevaba su casco o lo llevaba mal puesto y enfrentaba un enemigo armado con un hacha de guerra, su cabeza podía salir rodando. ¡Piensa en todos los buenos hombres que han perdido la cabeza en el fragor de la batalla con una mujer dominante!

La expresión *vieja hacha de guerra,* significa «una vieja mandona».[1]

Como mencioné anteriormente, crecí en una familia fuerte, matriarcal, nada menos que de latinos. Si conoces un poco a las mujeres hispanas, sabrás que cuando el hombre de la casa dice: «*Aquí mando yo*», ella lo mira y se ríe. En mi familia, bromeamos diciendo que todas las mujeres duran más que sus maridos. Y hay mucho de verdad en el chiste: ¡Tuve dos tías que vivieron más que sus esposos!

Todo el tiempo bromeamos sobre las fuertes personalidades de las mujeres de nuestra familia. Pero dejando a un lado las bromas, reflexionemos en que nosotras, como mujeres, tenemos que dejar la mentalidad del hacha de guerra y dejar que nuestros hombres sean hombres.

El verdadero origen de la mentalidad de hacha de guerra es muy antiguo. Cuando los romanos gobernaban la mayor parte del mundo civilizado, un soldado romano se consideraba estúpido si osaba entrar a la batalla sin su casco. Era la última pieza de la armadura que un soldado se ponía. Un artículo que leí recientemente decía esto sobre el casco:

> «El casco protege a un soldado contra golpes peligrosos y mortales en la cabeza. Hablando espiritualmente, el casco de la salvación proporciona esperanza y protege la mente contra cualquier cosa que desoriente o destruya al cristiano, como el desánimo o el engaño».[2]

El evangelista y misionero Rick Renner dijo lo siguiente sobre el casco de la salvación:

> «Si usted no tiene bien afianzada en su mente su salvación, como un

> casco, el enemigo vendrá para cortar directamente las múltiples bendiciones de la salvación de su teología. Intentará debilitar sus fundamentos, diciéndole que la curación, la liberación, la preservación y la solidez mental no eran realmente parte del trabajo redentor de Jesús en la Cruz. [...] [El enemigo] puede tratar de manipular sus emociones, enviar señales de malestar y enfermedad a su cuerpo, y cosas por el estilo. Que pueda estar protegido contra tales ataques es la razón por la que Dios le ha dado el "casco de la salvación".[3]

Estar equipada cada día con el casco de la salvación, es la única forma de proteger tus emociones y tu mente de los ataques del enemigo. ¡Entonces podrás enfrentar tus batallas, sabiendo que el enemigo no puede eliminar fácilmente tu estrategia de bloqueo!

Del anaquel de liquidación al exhibidor de cristal

Como compartí en un capítulo anterior, la percepción que los demás tienen de ti no es tu realidad, ni su opinión sobre ti importa demasiado. Eres muy valiosa para Dios. Él te ama incondicionalmente. En lo que debes comenzar a trabajar es en tu *autoestima*.

Como mujeres, establecemos el tono de nuestras relaciones con los demás, especialmente con los hombres. A veces tenemos una autoestima muy devaluada, producto de las cicatrices emocionales que nos dejaron las relaciones pasadas. Esas cicatrices tal vez provienen de encuentros sexuales que tuvieron lugar cuando todavía no caminábamos cerca de Dios y en los que dejamos un pequeño pedazo de nosotras. Luego, cuando a nuestra vida llega la verdad de un Hombre llamado Jesús, que nos valora tanto que anhela protegernos del dolor, nos sentirnos indignas.

Nadie puede hacerte sentir inferior sin tu consentimiento.
—Eleanor Roosevelt

Tú eres más valiosa que los rubíes (ver Prov. 31:10), pero debes creerlo. ¡Deja de ponerte en el estante de liquidación para hombres que no te merecen, o peor aún, que no reconocen tu valor! Muévete de ese anaquel de baratijas al exhibidor de cristal donde se colocan los objetos de gran valor.

Muchas veces, como mujeres no nos preocupamos por buscar la ayuda necesaria para superar los fracasos del pasado, para que nuestras heridas sanen.

Estamos tan dedicadas a cuidar a los demás y satisfacer sus necesidades, que descuidamos nuestro propio bienestar.

Como cuidadoras, no queremos convertirnos en una carga para otros, así que luchamos para no mostrar signos de vulnerabilidad y no reconocemos nuestra necesidad de ayuda. Afortunadamente, hoy existe mucha más conciencia de las luchas emocionales y mentales que enfrentamos, así como mayor apertura a la búsqueda de ayuda profesional por parte de consejeros, terapeutas o psicólogos. Muchos empleadores incluyen planes de bienestar emocional como parte del paquete de beneficios contractuales, y la mayoría de las iglesias ofrecen asesoramiento profesional gratuito o a muy bajo costo. Existen recursos disponibles que podemos aprovechar para obtener la ayuda que necesitamos.

En lo personal, me identifico con la necesidad de consejería. Después de experimentar tantas pérdidas, la ruptura de mi matrimonio y la muerte de varios seres queridos, caí en una especie de torbellino descontrolado y sufrí una profunda depresión. Mi autoestima era tan baja, que no me sentía merecedora de tener algo bueno en la vida. Por supuesto, se trataba de un engaño del enemigo. Dios está deseoso de otorgar cosas buenas a quienes lo aman (Sal. 84:11).

Durante esos momentos difíciles de mi vida comencé a buscar a Dios nuevamente y encontré una consejera profesional cristiana.

Esa consejera fue como un regalo del cielo. Me ayudó a superar la depresión, enseñándome a replantear mis pensamientos y a establecer límites. También me dio las herramientas para redescubrir mi autoestima. Siempre cerraba cada sesión con la pregunta: «¿Puedo orar contigo?». ¡Me encantaba que lo hiciera! La oración siempre me trae paz.

Ella me ayudó a ver la vida a través de un cristal diferente y a comprender que establecer límites en aras de mi bienestar no solo es aceptable, sino normal. Entendí que si no gozaba de salud en cada aspecto de mi vida, tampoco podría cuidar a alguien más. No había nada de malo en amarme a mí misma.

Escucha muy bien esto: no hay *nada* malo en procurar la ayuda que necesitas, y eso se extiende más allá de la terapia de salud mental. Si te encuentras en una situación que te perjudica de alguna manera, busca ayuda. Nunca debes tolerar el abuso de ningún tipo: físico, emocional, sexual, financiero, etcétera. He sido testigo de las marcas que el abuso deja en la vida de una mujer. Las heridas emocionales y mentales pueden permanecer abiertas, incluso mucho tiempo después de la desaparición de las cicatrices físicas, si la víctima no recibe la ayuda necesaria.

Por lo general, los abusos físicos tangibles sanan más rápido que los intangibles, como el abuso emocional. Además, las víctimas de abuso emocional no suelen buscar la ayuda necesaria para sanar completamente y liberarse del dolor que arrastran. Con frecuencia sucede que se lleva el dolor a la siguiente relación, y cuando esta no funciona el dolor pasado se agrava, haciéndose cada vez más difícil desarrollar relaciones saludables.

Una mujer emocionalmente enferma opera desde su dolor en lugar de hacerlo desde su propósito. Intenta en vano construir una relación, pero reacciona a la primera percepción de una posible ofensa, e incluso puede aislarse como un mecanismo de autodefensa.

Una vez leí en Twitter una declaración poderosa e increíblemente cierta. El autor escribió: «Una persona que no ha sanado puede encontrar ofensa en casi cualquier cosa que otra persona haga. Una persona sanada comprende que las acciones de los demás no tienen absolutamente nada que ver con ella. Cada día puedes decidir qué tipo de persona serás».[4]

Una persona que no ha sanado puede encontrar ofensa en casi cualquier cosa que otra persona haga. Una persona sanada comprende que las acciones de los demás no tienen absolutamente nada que ver con ella. Cada día puedes decidir qué tipo de persona serás.

Lamentablemente, la mujer que no goza de salud emocional, termina rechazando la relación que anhela experimentar. Si solo buscara la ayuda que necesita y reconociera que Dios tiene el poder para sanarla por completo, entonces entendería que la forma de actuar de los demás no tiene nada que ver con ella. La forma en que una persona se comporta con ella solo tiene que ver con el viaje personal de esa persona hacia la integridad.

El enemigo conoce muy bien tus debilidades, pero ¿las conoces tú?

Aunque una parte importante de cualquier plan estratégico de guerra es conocer las tácticas y movimientos del enemigo y la forma en que planea atacarte y derribarte; eso no significa que nunca te hará tropezar, o incluso caer. El problema no es *si* caerás, sino qué harás *cuando* eso suceda. Dios prometió acompañarte en todo. El profeta Isaías declaró:

> «Cuando pases por aguas profundas, yo estaré contigo. Cuando pases por ríos de dificultad, no te ahogarás. Cuando pases por el fuego de la opresión, no te quemarás».
>
> —Isaías 43:2, NTV

No importa cuán abrumada te sientas, lo superarás. Esto también pasará. En este momento puede que te sientas tan mal como si tuvieras un cálculo renal, pero pasará.

Endereza tu corona y atrévete a ser TÚ

Hay un meme en las redes sociales que muestra a un grupo de niñas vestidas de princesas, unas de color morado y otras de azul, excepto una niña vestida con un traje de Batman. La leyenda dice: «En un mundo de princesas, atrévete a ser Batman». ¡Esa niña con el disfraz de Batman soy yo! Nunca me pidas que haga algo, porque haré todo lo contrario. No soy de las personas que siguen a la multitud. Prefiero que los demás me sigan.

Una reina en entrenamiento

Cuando era niña, siempre jugaba con mis primos. Como en esos tiempos no había redes sociales, videojuegos o Internet, debíamos usar algo llamado *imaginación*. En esa época, ser social significaba que en verdad teníamos que interactuar con los demás (sonríe). A menudo, dos de mis primos varones y yo interpretábamos a Batman, Robin y Batichica. Uno de mis primos siempre era Batman, el otro Robin, y a mi me tocaba ser Batichica. Esa era mi única opción, porque Gatúbela era una villana y yo no era muy amante a los gatos. Corríamos por la casa cantando la canción principal de la serie que transmitían por televisión en los años sesenta, luchando contra el crimen imaginario. Al final, el bien siempre ganaba.

La interpretación de personajes mantiene la mente activa y joven, pero no determina nuestra identidad. Lo que realmente somos está en lo que Dios dice que somos: *hermosas y escogidas* (1 Ped. 2:9; Juan 15:16); *amadas, una perla de gran precio, y preciosas a su vista* (Isa. 43:4). Cuando el enemigo pretenda decirte lo contrario, medita en estos versículos de las escrituras, o busca otros que te hablen a ti directamente.

Si siempre procuras ser normal, nunca sabrás lo increíble que puedes ser.
—Maya Angelou

Como mujeres, muchas veces tendemos a perder nuestra identidad, el verdadero sentido de lo que somos. Pensamos que si aceptamos el papel que la gente dice que debemos interpretar, seremos aceptadas. ¡Yo digo que no! No aceptes el *statu quo*, ni ningún molde en el que este mundo intente encajarte. Mantente firme y feliz de saber que perteneces a la realeza, que fuiste especialmente elegida para administrar todo lo que Dios te confió.

La Biblia dice: «Pero ustedes [...] son un pueblo elegido. Son sacerdotes del Rey, una nación santa, posesión exclusiva de Dios. Por eso pueden mostrar a otros la bondad de Dios, pues él los ha llamado a salir de la oscuridad y entrar en su luz maravillosa» (1 Ped. 2:9, NTV). La palabra griega traducida como «posesión» en ese versículo es *peripoiēsis,* que denota preservar o hacer de nuestra propiedad.[5]

¿Significa eso que eres una esclava de Dios, incapaz de tomar tus propias decisiones? No, ¡de ninguna manera! No se trata de ese tipo de posesión. Significa que eres tan valiosa para Dios, que él estuvo dispuesto a sacrificar todo voluntariamente para tenerte en su vida. ¡Así demostró cuánto significas para él! ¿Conoces a algún ser humano capaz de hacer eso por ti? Yo no. Todos ponen límites a lo que estarían dispuestos a sacrificar por otra persona.

Sé aquello para lo que Dios te creó, no la que los demás piensan que deberías ser.

Somos humanas y la preservación propia forma parte de nuestra naturaleza. Pero Dios es tan perfecto en todos sus caminos, que no hay nada que podamos hacer para que se aleje de nosotras o para que nos ame menos. Su amor es incondicional y sin límites.

En su primera Epístola, Pedro continúa diciendo:

> «Antes no tenían identidad como pueblo, ahora son pueblo de Dios. Antes no recibieron misericordia, ahora han recibido la misericordia de Dios».
>
> —1 Ped. 2:10, NTV

A estas alturas de mi vida, la única opinión que cuenta para mí, es la de Dios, y sé muy bien cuál es. Soy su hija; soy una reina en entrenamiento, para algún día heredar el reino de mi Padre. Hasta entonces, hago todo lo que él me pide que haga: amarlo, amar a los demás y servir como una influencia positiva en la vida de los que me rodean.

Sí, en el mundo de las princesas de cuento de hadas, atrévete a ser diferente. *Sé la persona que Dios creó*, no la que los demás piensan que deberías ser.

Ponte de pie y endereza tu corona, reina en formación.

Plan para la guerra de la información

Mientras lees la porción diaria de las Escrituras y meditas en ella, toma nota de las formas en que el enemigo puede atacar tu identidad espiritual. Piensa en cómo puedes blindar tus pensamientos para fortalecer tu relación con Dios.

Versículos bíblicos recomendados para cada día:

- Día 1: Santiago 1:2-3, 12
- Día 2: Santiago 1:21–22
- Día 3: Esther 2:15-18
- Día 4: Ester 4:11-14
- Día 5: Efesios 2:8
- Día 6: Filipenses 2:12-13
- Día 7: Salmo 139:1–6, 13–17

Tomen [...] la espada del Espíritu, que es la palabra de Dios.
—Efesios 6:17, NVI

Capítulo 7

La asesina de dioses

En otra escena de la película de la Mujer Maravilla, Diana se encuentra cara a cara con Ares, el dios griego de la guerra. Cuando él revela su identidad, ella intenta usar en su contra la espada asesina de Dioses, pero esta se desintegra en sus manos. Más tarde, descubre que el poder para destruir dioses no estaba en la espada, sino dentro de ella.

Ella misma era el arma.

> **La vida mata todo el tiempo y por eso la diosa se suicida en el sacrificio de su propio animal.**[1]
> **—Mensaje grabado en la espada de la Mujer Maravilla**

La espada que se describe en Efesios 6, la espada

del Espíritu, que es la Palabra de Dios, es un arma ofensiva contra el enemigo. La usamos para matar a los «dioses» de nuestra vida, no empuñándola contra el enemigo, sino liberando su verdad a la atmósfera.

La Biblia dice que la Palabra de Dios cumplirá todos sus propósitos y prosperará en todos los lugares a los que sea enviada (Isa. 55:10–11). Cuando declaramos la Palabra de Dios, no solo recordamos quiénes somos en él, sino que asestamos golpes certeros a nuestro enemigo. Este, en lugar de continuar avanzando amenazante, huye, cuando decidimos creer y afirmar lo que la Palabra de Dios dice de nosotras y de nuestra situación.

Eche un vistazo a dos formas de activar la espada del Espíritu. Primero, atesoramos la Escritura en nuestro corazón y la declaramos en voz alta cuando somos atacadas. Segundo, verbalizamos las Escrituras durante los momentos de oración.

Tú hablas y Dios respira vida sobre tus circunstancias

La Palabra de Dios es el arma más poderosa dentro de tu arsenal. Estuvo allí desde el principio de la Creación:

> «En el principio, Dios creó los cielos
> y la tierra. La tierra no tenía forma

y estaba vacía, y la oscuridad cubría las aguas profundas; y el Espíritu de Dios se movía en el aire sobre la superficie de las aguas. Entonces *dijo Dios*»

—Gén. 1:1–3, NTV
(énfasis añadido)

Dios nos dio un ejemplo del poder de la Palabra hablada. No era necesario que el hablara para crear, ¡Es un Dios omnipotente! Sin embargo, habló y su Palabra creó vida. Luego, miles de años después, la Palabra cobró vida, encarnando en su Hijo Jesucristo.

«En el principio la palabra ya existía. La palabra estaba con Dios, y la palabra era Dios».

—Juan 1:1, NTV

La Nueva Versión Internacional lo describe de esta manera:

«En el principio [antes de todos los tiempos] la palabra ya existía. La Palabra (Cristo) estaba con Dios, y la Palabra era Dios [mismo]».

Jesús también reconoce el poder de la Palabra hablada como un arma. Él *es* la Palabra de Dios mismo. Antes de comenzar su ministerio, ayunó durante cuarenta días en el desierto (Ver Mat. 4:1–11). Durante ese tiempo, se estaba preparando internamente. Antes de enseñar a otros externamente, se llenó de las Escrituras y se preparó para enfrentar la oposición a través de la oración. Si Jesús, siendo Dios, se dedicó a conocer la Palabra de Dios y pasar tiempo en oración, ¿cuánto más deberíamos hacerlo nosotros?

Cuando pasas tiempo constantemente con Dios, leyendo su Palabra y hablando con él a través de la oración, el Espíritu Santo te ayuda discenir y saber cuando algo no honra a Dios.

La Palabra de Dios es un arma poderosa para hacer la guerra al enemigo. Dios te ayudará a discernir su voz entre todas las demás si lo buscas continuamente. Recuerdo cuando asistí a la conferencia Every Nation Ministry GO! en el verano de 2019. El pastor Chris Johnson, de la iglesia Divine Unity Community en Harrisonburg, Virginia, habló en el Campus Night, basando su mensaje en el relato del valle de los huesos secos que registra Ezequiel 37:1-10. ¿Qué tiene de espectacular esto? Bueno, por un lado, se trataba de un mensaje que Dios había compartido repetidamente conmigo a través de una amiga cercana y compañera de oración, durante mi tiempo devocional, en canciones de adoración, y ahora a través del Pastor Chris.

En la historia, Dios le hace una pregunta a Ezequiel:

> «Y me dijo: "Hijo de hombre, ¿podrán revivir estos huesos?". Y yo le

contesté: "Señor omnipotente, tú lo sabes"»

—Ezequiel 37:3, NVI

Dios le hace la pregunta, no porque necesitara una respuesta, sino porque quería que Ezequiel entendiera, por fe que podría tener parte en un plan maravilloso de Dios.

«Tal y como el Señor me lo había mandado, profeticé. Y mientras profetizaba se escuchó un ruido que sacudió la tierra, y los huesos comenzaron a unirse entre sí. Yo me fijé, y vi que en ellos aparecían tendones, y les salía carne y se recubrían de piel, ¡pero no tenían vida! Entonces el Señor me dijo: "Profetiza, hijo de hombre, conjura al aliento de vida y dile: Esto ordena el Señor omnipotente: Ven de los cuatro vientos y dales vida a estos huesos muertos para que revivan". Yo profeticé, tal como el Señor me lo había ordenado, y el aliento de vida entró en ellos; entonces los huesos revivieron y se pusieron de pie. ¡Era un ejército numeroso!»

—Ezequiel 37:7-10, NVI

Ezequiel activó su fe, liberando el poder de la Palabra de Dios. Se requiere una gran fe para creer en algo mucho más grande que tú, algo que solo Dios puede lograr.

Cuando el poder de Dios recae sobre ti, da vida al sueño que habita en tu interior, ese que ha estado latente en tu corazón durante mucho tiempo porque has tenido miedo de intentar y fallar. Con razón Dios le dijo al profeta Isaías: «¿Voy a hacer algo nuevo! Ya está sucediendo, ¿no se dan cuenta? Estoy abriendo un camino en el desierto, y ríos en lugares desolados» (Isa. 43:19, NVI).

El poder de Dios para dar vida a los huesos secos, nunca fue tan claro y vivo para mí como cuando estaba escribiendo este libro. Durante años, acaricié en mi corazón el deseo de convertirme en autora y escribir libros que llevaran esperanza. ¡Escribir y publicar es mi pasión! ¡Me *encanta* escribir! Antes de atreverme a intentarlo, una querida amiga me envió este mensaje de texto un día, y despertó algo en mí:

> «Curiosamente, Ezequiel tuvo que profetizar sobre los huesos para que sucediera. Acabo de leer ese capítulo [Ezequiel 37] esta mañana. ¿Qué tal si el Señor está tratando de decirte que él está respirando vida en esas áreas que una vez fueron tu sueño

> pero que se secaron, que quiere que profetices sobre los sueños que él te ha dado, porque quiere traerlos a la vida ahora? ¿No resuena esto en ti?».

¡Por supuesto que resonó en mí! Entendí que la palabra profética que mi amiga estaba compartiendo, significaba que Dios estaba respirando vida sobre un sueño que yo daba por muerto. Entonces, recuperé la esperanza y el valor para hacer realidad mi sueño de convertirme en autora. También tengo otro sueño, pero ese vendrá en el tiempo de Dios, no en el mío.

A pesar de los contratiempos, desvíos y paradas en los boxes que debas enfrentar, recuerda que Dios tiene un propósito para ti, que en el tiempo justo se cumplirá.

> «Así es también la palabra que sale de mi boca: no volverá a mi vacía, sino que hará lo que yo deseo y cumplirá con mis propósitos».
> —Isaías 55:11

La Palabra de Dios te recuerda que él es eterno. No está limitado por el tiempo, porque él lo creó. Mantente firme sin importar lo que enfrentes, porque la promesa de Dios de activar la sabiduría en tu vida, se cumplirá. Ni por un momento pienses que Dios no actuará a tiempo, aunque todo parezca gritar que es inútil o demasiado tarde. Dios tiene un plan para tu vida, y hará que se cumpla en su momento.

Hasta los no creyentes reconocen el poder de la palabra hablada. Con frecuencia escuchamos a la gente decir: «Deja de ser negativo» o: «Recibe mi buena vibra». ¿En serio? ¿Cómo es que los no creyentes tienen más fe en el poder de la palabra hablada, que los creyentes que han experimentado el poder del Dios viviente?

Disponemos de un arma muy poderosa. Aprendamos a usar la Palabra de Dios contra nuestro enemigo y sus secuaces, porque hay poder en ella para abatir todo tipo de maldad, hablada o no, que intente acecharnos. También tiene el poder para traer nueva vida. Cuando empuñamos la espada del Espíritu y declaramos la Palabra de Dios en voz alta, se activa el reino espiritual. Entonces, podemos traer «huesos secos» a la vida. ¿Por qué? Porque Dios dio vida a la Escritura, y activa su poder para que trabaje en nosotras.

> «Toda la Escritura es *inspirada* por Dios y útil para enseñar, para reprender, para corregir y para instruir en la justicia, a fin de que el siervo de Dios esté enteramente capacitado para toda buena obra».
> —2 Timoteo 3: 16–17, NVI
> (énfasis añadido)

Cuando pronunciamos la Palabra de Dios, nuestro acto de fe libera el poder que hay en ella para dar vida a nuestras circunstancias.

ALMA (SOUL)

Independientemente de lo que creas (porque hasta los ateos creen en algo, aunque no sea en deidades), tus palabras tienen el poder de provocar muerte o vida.

> «La lengua puede traer vida o muerte;
> los que hablan mucho cosecharán
> las consecuencias».
> —Proverbios 18:21, NTV

La decisión es tuya. Puedes hablar palabras de vida en un momento, y luego, con la misma lengua, maldecir a alguien, causándole daños irreparables a su espíritu. Así como tus palabras afectan a los demás, lo que proclames para ti misma también afectará tu vida positiva o negativamente.

En un sermón predicado por el Pastor Robert Morris de Gateway Church, en Dallas, el describió cómo opera el aliento de Dios en nuestra vida. Explicó que nos trae fuerza, orden, comprensión y vida (*soul*, alma en inglés).

- Fuerza (**Strength**)
- Orden (**Order**)
- Comprensión (**Understanding**)
- Vida (**Life**)

El pastor Morris no creó este acrónimo al explicar las características, pero mientras estudiaba la Palabra, Dios me dio esta enseñanza: el aliento de Dios da nueva vida a nuestra **ALMA (SOUL)** muerta. Seamos vigilantes para proteger lo que pronuncia nuestra lengua.

Deberíamos hacer un esfuerzo por exhalar vida sobre los demás, invocando las cosas que no son como si fuesen (ver Rom. 4:16–22, especialmente el vers. 17.)

Como parte del proceso restaurador, Dios *fortalece* nuestros «huesos» uniéndolos a los tendones y músculos. Somos responsables de desarrollar músculos espirituales, ejercitando la fe y cumpliendo nuestro propósito.

Luego, Dios trae *orden* a nuestra vida porque él es un Dios de orden que no se agrada en la confusión. Una vez que establece el orden a partir del caos que nos dominaba, nos da la capacidad de *comprensión*, es decir, sabiduría divina.

Las Escrituras dicen: «Sabiduría ante todo; adquiere sabiduría; y sobre todas tus posesiones adquiere inteligencia» (Prov. 4:7). Para continuar construyendo sobre lo que Dios ha comenzado en nuestra vida, necesitamos la sabiduría divina. Solo con ella evitaremos retomar viejos hábitos y estilos de vida.

Finalmente, después de ordenar nuestros pasos y mientras continuamos ganando sabiduría espiritual,

Dios da nueva *vida* a los sueños y esperanzas que se habían marchitado en nuestra travesía por el desierto. El desierto nunca debe ser un estado permanente, sino un lugar de preparación.

> **No dejes que nadie te robe la imaginación, la creatividad o la curiosidad. Sigue adelante y haz todo lo que puedas con tu vida, que sea como tú la quieres vivir.**
> **—Mae Jemison**

Algunas veces Dios nos coloca en lugares abandonados y olvidados, y nos usa para respirar vida y traer orden donde había caos y disfunción. El unge nuestras manos para que construyamos, y nos da su gracia para ayudar a otros a construir también. Los dones, talentos y habilidades que Dios ha puesto dentro de nosotros no son para nuestra exaltación propia, sino para glorificar su nombre.

Dios usa tus dones para soplar vida y restaurar aquellas áreas en los demás desgastadas por el diario vivir. Te dio autoridad para reconstruir e inyectar vida en áreas estancadas para su gloria.

Ezequiel dijo: «La mano del Señor vino sobre mí, y su Espíritu me llevó y me colocó en medio de un valle que estaba lleno de huesos» (Eze. 37:1, NVI).

Dios lo llevó al valle de huesos secos. A menudo, Dios nos coloca en lugares secos, oscuros, muertos. Nuestra misión, como hijas suyas, es ir prestas y declarar vida a las cosas muertas, secas, vencidas y olvidadas. Debemos compartir lo que Dios dice sobre las circunstancias.

En todo tiempo, es importante que Dios dirija lo que dices y haces. La mano del Señor estaba sobre Ezequiel, y hoy está sobre ti. Dios te acompañará a través del valle. Aunque aparentemente estás rodeado por huesos secos, no te desanimes por lo que ves. Dios te llevó hasta dónde estás y te usará para hacer algo milagroso para su gloria.

Acércate

También utilizamos la «asesina de dioses» cuando llevamos una vida de oración activa. Cuando oramos de acuerdo con la voluntad de Dios y declaramos verbalmente su Palabra para que llene el ambiente, la Palabra se activa de acuerdo con nuestra fe. Efesios 6: 18 nos dice: «Oren en el Espíritu en todo momento, con peticiones y ruegos. Manténganse alerta y perseveren en oración por todos los santos».

Las oraciones de guerra son una amenaza para el enemigo, porque él sabe lo peligroso que puede ser para sus tácticas que surja la fe dentro de ti.

A veces oramos en silencio, a veces oramos en nuestro idioma celestial, y a veces lo hacemos en nuestro idioma nativo. En cualquier caso, la oración activa lo que dice la Palabra de Dios, cuando la declaramos verbalmente en nuestro entorno y en nuestra vida.

Orar es activar lo que dice la Palabra de Dios, al declararla verbalmente en nuestro entorno y en nuestra vida.

Por ejemplo, durante este proceso de escritura, Dios me desafió a elevar la calidad de mi vida de oración para que fuera más allá de las oraciones superficiales de protección y otras cosas que ya prometió hacer. Comencé a memorizar textos bíblicos y a declararlos en voz alta durante mi tiempo de oración. Él me animó a pedir más, a ir más allá de mi nivel actual de fe para pedir y creer lo imposible. Me retó a confiar en que cumpliría con lo que le pedía, si mi petición estaba de acuerdo con su Palabra y tenía fe en que él actuaría.

Cuando enseñaba en la escuela dominical a niños pequeños y trataba de lograr que prestaran atención, colocaba el dedo índice sobre mis labios y decía: «¡*Shhh*! Voz interior, para todos, usen sus voces internas, por favor». Pero por lo general estaban demasiado alborotados por las bebidas azucaradas y las pequeñas tazas de galletas que les servíamos como para escuchar. ¡Qué desafío!

A menudo, en los círculos cristianos, hacemos referencia a la voz interior del Espíritu Santo como esa «voz suave y apacible» que nos guía en el camino que debemos seguir. Pero Dios tiene además una voz externa, y no tiene temor de usarla. En Marcos 4:35–41, encontramos a Jesús durmiendo en una barca en medio de una tormenta. Los discípulos están llenos de pánico porque la barca se está llenando de agua. Pero a Jesús no le preocupan las circunstancias; él está descansando pacíficamente. Luego *le habla al viento y a las olas:* «¡Paz! Quédense quietos», y con una orden, calma el mar. Esa misma voz de mando y autoridad calma las tormentas de nuestra vida y alivia los temores.

Pero cuando Dios quiere ser escuchado, cuando lo que tiene que decir es demasiado importante y no puede ser pasado por alto, nos habla en un tono apenas más alto que un susurro, con una voz muy suave. ¿Por qué? Porque cuando te susurra, tienes que acercarte para escuchar lo que te dice. La distancia entre ambos se reduce, creando un momento de mayor intimidad.

Probablemente nadie estuvo más familiarizado con la voz apacible de Dios que Elías, el profeta del Antiguo Testamento. Elías había tenido una audaz confrontación con los profetas de Baal en el Monte Carmelo. Dios literalmente envió fuego del cielo y quemó la ofrenda que él ofreció. Pero después de esa experiencia tan increíble en la cima de la montaña, la malvada reina Jezabel amenazó su vida y Elías huyó temeroso. Jezabel, entonces, le hizo vivir una experiencia difícil en el desierto. Deprimido, escondido y con ideas suicidas, sentía que ya no podía soportar el peso de la circunstancia (Ver 1 Rey. 19:3-4). En ese momento de angustia, Elías fue consolado por el cuidado y la presencia de Dios.

Después de huir de Jezabel, descansó debajo de un árbol y, mientras dormía, un ángel lo tocó y le dijo: «¡Levántate y come!». El profeta volteó a mirar y vio que junto a su cabeza había pan horneado sobre piedras calientes y una jarra de agua.

Entonces, se levantó, comió y bebió, y la comida le dio fuerzas suficientes para viajar cuarenta días y cuarenta noches hasta el Monte Sinaí, la montaña de Dios. Allí encontró una cueva donde pasar la noche.

> «Entonces el Señor le dijo a Elías: "¿Qué haces aquí, Elías?". "He servido con gran celo al Señor Dios Todopoderoso —respondió Elías— pero el pueblo de Israel ha roto su pacto contigo, derribó tus altares y mató a cada uno de tus profetas. Yo soy el único que queda con vida, y ahora me buscan para matarme a mí también"».
>
> —1 Reyes 19:9–10, NTV

Lo que sucedió después fue nada menos que un milagro. Dios le dijo que saliera y se parara delante de él en la montaña. Un poderoso y fuerte viento que arrasó las rocas pasó junto a Elías, pero el Señor no estaba en el viento. Después, hubo un terremoto, pero Dios no le estaba hablando a través de eso. Luego hubo un incendio, pero tampoco fue ese el medio que Dios usó para captar su atención.

> «Y después del incendio hubo un suave susurro. Cuando Elías lo oyó, se cubrió la cara con su manto, salió y se paró a la entrada de la cueva».
>
> —1 Reyes 19:12–13, NTV

Elías pasó de una experiencia en la cima de la montaña a una experiencia en el desierto, así como así. Mi pastor siempre dice que nosotros o estamos en una tormenta, o acabamos de salir de una tormenta o estamos a punto de pasar por una tormenta. Así que la vida no siempre es sol y arcoíris. Pero de la experiencia de Elías aprendemos que Dios está más cerca de nosotros cuando creemos que menos merecemos su amor. Es paciente con nosotros y nos ama en medio de todo: lo bueno, lo malo y lo feo.

Es por eso que Dios muy a menudo nos habla en susurros. Cuando alguien te habla en susurros, debes acercarte bien para escuchar. De hecho, tu oreja debe quedar muy cerca de la boca de la persona. Nos inclinamos hacia un susurro, y eso es lo que Dios quiere. No se trata solo de escuchar la voz del Padre celestial, sino de experimentar intimidad con él. ¡Nos habla en un susurro porque quiere estar tan cerca de nosotros como sea posible! Él nos ama, nos quiere demasiado.

> **Tu necesidad más profunda se convierte en tu mayor regalo cuando esa necesidad te impulsa a depender de Dios.**
> —Pastor Shaddy Soliman

¿Te sientes agradecida de tener un Dios tan gentil? Él podría intimidarnos con su voz exterior, pero en cambio, nos consiente con un susurro. Y su susurro es sopla de aliento en nuestras vidas.

Un pensamiento muy citado de Friedrich Nietzsche, dice: «Aquellos que eran vistos bailando, eran considerados locos por quienes no podían escuchar la música». Esto es particularmente válido para aquellos que avanzan al ritmo del tambor de Dios. Cuando atiendas las señales del Espíritu Santo, serás motivada a hacer algunas cosas que harán que la gente piense que estás loca. Que así sea. ¿Qué importa lo que piensa la gente, cuando sabes que estás haciendo exactamente lo que Dios ha puesto en tu corazón?

¡Lo que importa es lo que Dios piensa de ti, y él piensa cosas maravillosas! Obedece lo que te dice en susurro y espera a ver lo que puede hacer, porque nada tiene mayor potencial para cambiar tu vida que el susurro de Dios. Nada determinará con mayor poder tu destino que tu capacidad para escuchar su voz suave y apacible. Así es como nacen los sueños del tamaño de Dios. Así es como suceden los milagros.

Independientemente de las circunstancias, ¡sigue orando! Con el tiempo, esa circunstancia cambiará. Aunque veas un avance significativo en la vida de alguien por quien oras, esa persona aún puede necesitar ser levantada en oración. Hace algunos años se popularizaron unas calcomanías para los parachoques de los automóviles y algunos brazaletes con la palabra en **PUSH** que les recordaban a los cristianos que debían «orar hasta que algo sucediera» (en inglés, *pray until* *something happens*). Últimamente me he sentido impulsada a pensar que, aunque tengamos evidencia de que Dios está actuando, debemos seguir perseverando en oración. Por eso, necesitamos recordar también el acrónimo **PAST** (en inglés, *pray after someone turns*), es decir, orar para que alguien se convierta.

La mano del Señor está sobre ti

Al comienzo de este capítulo comenté que la Mujer Maravilla en una ocasión empuñó la espada contra el enemigo, solo para darse cuenta de que la verdadera arma no era la espada, sino el poder que yacía dentro de ella. Tal vez te estés preguntando: ¿Y qué debilidad hay en eso? La debilidad es la incapacidad de reconocer que, todo el tiempo, ella llevó en su interior el arma que necesitaba. No era un objeto tangible el que destruiría a su enemigo: ella era la verdadera asesina de los dioses.

Al igual que la Mujer Maravilla, a veces permitimos que la espada del Espíritu, la Palabra de Dios, permanezca latente dentro de nosotras, en lugar de empuñarla para luchar contra nuestro enemigo y derrotarlo. Si meditamos en las Escrituras y repetimos la Palabra en voz alta, Dios infundirá vida a la situación. Y cuando la Palabra se libera a través de una oración de fe, se convierte en un arma muy poderosa.

«La Palabra de Dios es viva y eficaz, y más cortante que toda espada de dos filos» (Heb. 4:12). Si nos rendimos ante la Palabra, ella escudriñará en nuestro corazón y eliminará las malas intenciones que yacen dentro de él.

La mano de Dios está contigo para transformar sociedades y encender ambientes. Transmite vida a tu lugar de trabajo, tu familia, tus sueños, visiones y propósitos olvidados. Mantén el rumbo y lleva vida al valle de los huesos secos. *Habla*. Di lo que Dios te está diciendo que digas. Restaura la esperanza en los demás. Ayuda a otros a cumplir sus sueños antes de cumplir los tuyos, y verás que Dios te colma de bendiciones por ser desinteresada. Es hora de construir. Es hora de que cumplas tu propósito.

Plan para la guerra de la información

Mientras meditas en las porciones de las Escrituras seleccionadas para esta semana, piensa en las formas en que la Palabra de Dios se ha activado para producir milagros en tu vida.

Versículos bíblicos recomendados para cada día:

- Día 1: Mateo 6:9-15
- Día 2: Romanos 8:24-28
- Día 3: Daniel 6:8-28
- Día 4: Daniel 10:7-15
- Día 5: Lucas 18:1-8
- Día 6: Marcos 11:24
- Día 7: Lucas 5:16

Finalmente, confíen en el gran poder del Señor para fortalecerse.
—Efesios 6:10, PDT

Conclusión

¿Responderás al llamado?

La Mujer Maravilla elige quedarse en el mundo de los hombres, en lugar de regresar a su hogar en la isla de Temiscira. Ella toma la decisión consciente de responder al llamado de su corazón. Ahora que posees el conocimiento de las armas y los poderes que Dios te dio, es hora de que te levantes, respondas al llamado y te conviertas en un agente de cambio dentro de tu esfera de influencia. No estás llamada a sentarte al margen. Avanza y retribuye lo que Dios hizo por ti, discipulando a otros.

El llamado no es a que Dios se convierta en parte de tu historia, sino a que tú seas parte de la *suya*. Si tienes en tu corazón el anhelo de influir en los que te rodean, entonces no importa quién esté a tu favor o en tu contra, porque Dios promete que siempre estará para ti (Rom. 8:31). Responder al llamado de Dios implica saber quién eres y a quién representas. No eres solo una mujer que vive bajo autoridad, sino también una mujer que tiene autoridad y camina en ella.

Por favor, no malinterpretes lo que estoy diciendo. No se trata de feminismo o de flexibilizar tu posición como mujer en la sociedad. El movimiento #MeToo comenzó con una intención noble, pero desafortunadamente, algunos han desviado su péndulo demasiado lejos en una dirección errónea. Cuando digo que tienes autoridad y que debes caminar en ella, me refiero a que se te dio la responsabilidad de ser una persona influyente en el mundo. La pregunta que debes hacerte es: ¿Viviré consumida y preocupada por saber quién está conmigo o contra mí? O: ¿Viviré confiada en Aquel que me lo ha dado todo? ¿Estoy dejando mi huella y cumpliendo algún propósito humanista, o Dios está dejando su huella a través de mí?

Mientras el Señor te dirige para que aceptes su llamado y respondas a la agitación que siente tu corazón por el destino y el propósito que él tiene para ti, desarrollarás una urgencia divina y un sentido de responsabilidad que te impulsarán a hacer cosas más grandes de lo que podrías hacer con tus propias fuerzas. Comenzarás a verte a ti misma como una mujer de influencia, convicción y poder.

Del corazón de las mujeres surge un grito inspirado divinamente, que declara: «El enemigo no puede arrebatarme a mis seres queridos, ni mi herencia como hija del Rey. ¡No bajo *mi* vigilancia! La pasión y la justa indignación del Señor están surgiendo en los corazones de las mujeres, para que, tomando las armas espirituales que se nos confiaron, toquemos el cielo y traigamos reformas a la tierra.

Recursos recomendados

Es mi anhelo y oración que el mensaje en este libro te haya influenciado de una manera positiva y te haya animado a hacer los cambios necesarios para cumplir tu propósito. Si este libro te ha ayudado de alguna manera y ha sido de bendición, me encantaría saber de tí.

Instagram: @lillianlaitman
Facebook: @lillianlaitmanFB
www.lillianlaitman.com

Si este libro ha desafiado tu conocimiento de Dios y ha despertado tu interés por aprender a desarrollar la fe, pueden serte útiles los siguientes recursos:

Iglesias y ministerios
Lake Mary Church, www.lake-marychurch.com
Every Nation Churches and Ministries, www.everynation.org

Recursos de discipulado
La prueba de Dios, www.thegodtest.org
Película: *Dios no está muerto*

Sobre la autora

Lillian Laitman ha ganado numerosos premios como editora. Durante su carrera editorial de más de 25 años, se desempeñó como asesora de confianza de los autores más exitosos en las áreas del liderazgo cristiano y empresarial.

Pero su mayor pasión es ayudar a todas las mujeres a aceptar que son únicas y capacitarlas para llevar a cabo el propósito de su vida. En 2020, materializó un sueño de establecer WoW Media, que tiene la misión de capacitar a otros a cumplir el propósito que Dios les dio de convertirse en personas influyentes y tener un impacto positivo y duradero en su mundo.

Lillian tiene una licenciatura en inglés de la Universidad de Florida Central y una maestría en publicaciones de la Universidad George Washington.

Para ella, «el lugar más feliz del mundo» no es Disney sino la playa. También le encantan los deportes acuáticos, viajar y pasar tiempo con familiares y amigos cercanos. Reside en el centro de Florida con sus dos hijos y Maxie, su amada perrita basset hound.

Notas

Introducción

1. Bible Hub, s.v. «Kathairesis», consultado el 5 de abril de 2020, https://biblehub.com/greek/2506.htm.

2. Sheila E. Widnall y Ronald R. Fogelman, «Cornerstones of Information Warfare», 1997, consultado el 26 de diciembre de 2019, http://www.iwar.org.uk/iwar/resources/usaf/iw/corner.html.

Capítulo 1

1. Joe Burgett, «15 Weaknesses You Didn't Know Wonder Woman Had», ScreenRant.com, 18 de mayo de 2017, https://screenrant.com/wonder-woman-biggest-weakness-didnt-know-trivia/; Michael Graff, «15 Things You Didn't know About Wonder Woman's Sword and Shield», ScreenRant.com, 15 de junio de 2017, https://screenrant.com/wonder-woman-sword-shield-trivia-facts-godkiller

2. Michael Graff, «15 Things You Didn't know About Wonder Woman's Sword and Shield».

3. Michael Graff, «15 Things You Didn't know About Wonder Woman's Sword and Shield».

Capítulo 2

1. Joe Burgett, «15 Weaknesses You Didn't Know Wonder Woman Had», ScreenRant.com, 18 de mayo de 2017, https://screenrant.com/wonder-wom- an-biggest-weakness-didnt-know-trivia/.

Capítulo 3

1. Joe Burgett, «15 Weaknesses You Didn't Know Wonder Woman Had»; ver también Kofi Outlaw, «Wonder Woman's Movie Powers & Abilities Explained», ComicBook.com, 9 de noviembre de 2017, https://comicbook.com/dc/2017/06/03/wonder-woman-movie-powers-skills-dceu.

2. Wikipedia «Wonder Woman's Bracelets», 4 de abril de 2020, https://en.wikipedia.org/ wiki/Wonder_Woman%27s_bracelets.

3. Merriam-Webster.com, s.v. «never», accedida el

5 de abril de 2020, https://www.merriam-webster.com/dictionary/never.

4. «The Power of Forgiveness», *Harvard Health Publishing, mayo de 2019, https://www.health.harvard.edu/mind-and-mood/the-power-of-dondon.*

5. *Blue Letter Bible, s.v. «diabolos», consultado el 28 de diciembre de 2019, https://www.blueletterbible.org/lang/Lexicon/Lexicon.cfm?strongs=G1228&t=KJV.*

Capítulo 4

1. Michael Graff, «15 Things You Didn't know About Wonder Woman's Sword and Shield».

Capítulo 5

1. Gem Rock Auctions.com, «The Truth about Chocolate Diamonds», consultada el 15 de abril de 2020. https://www.gemrockauctions.com/learn/did-you-know/the-truth-chocolate-diamonds

2. Gem Rock Auctions.com, «The Truth about Chocolate Diamonds», consultada el 15 de abril de 2020. https://www.gemrockauctions.com/learn/did-you-know/the-truth-chocolate-diamonds

3. *Freebiblecommentary.org, s.v. «Anakainoō», consul-*

tada el 29 de mayo de 2020, http://www.freebiblecommentary.org/special_topics/spa/renovado.html.

Capítulo 6

1. *McGraw-Hill Dictionary of American Idioms and Phrasal Verbs, s.v. «Old battle-axe», consultada el 5 de abril de 2020, https://idioms.thefreedictionary.com/old+battle-axe.*

2. Dave Johnson, «Armor of God: Helmet of Salvation», Church of God, Worldwide Association, consultada el 29 de diciembre de 2019, https://lifehopean- dtruth.com/change/christian-conversion/armor- of-god/helmet-of-salvation/

3. Rick Renner, «The Helmet of Salvation», Rick Renner Ministries, 4 de agosto de 2016, https://renner.org/the-helmet-of-salvation/.

4. Chelsea Gomez, «An unhealed person can find offense in pretty much anything someone else does», Twitter, 28 de mayo de 2019, https://twitter.com/ChelseaGomez42/status /1133564255628873730.

5. Blue Letter Bible, s.v. «Peripoiēsis», consultada el 5 de abril de 2020, https://www.blueletterbible.org/lang/Lexicon/Lexicon.cfm?strongs=G4047&t=KJV.

Capítulo 7

1. Michael Graff, «15 Things You Didn't know About Wonder Woman's Sword and Shield».

2. «Those Who Dance Are Considered Insane by Those Who Can't Hear the Music», Quote Investigator, consultada el 5 de abril de 2020, https://quoteinvestigator.com/2012/06/05/dance-insane/.

www.ingramcontent.com/pod-product-compliance
Lightning Source LLC
Chambersburg PA
CBHW071346080526
44587CB00017B/2984